Michael Ackermann

Jasmin –

zwischen Trümmern wächst die Hoffnung

R.BROCKHAUS

R. Brockhaus Taschenbuch Bd. 844

© 1993 R. Brockhaus Verlag Wuppertal und Zürich
Umschlaggestaltung: Carsten Buschke, Solingen
Umschlagfotos: Agence France – dpa, Frankfurt/M.
und Int. Stock – ZEFA, Düsseldorf
Fotos im Innenteil S. 8, 9, 11, 12: Jasmins Familie;
alle anderen: Dr. Michael Ackermann, Hamburg
Gesamtherstellung: Breklumer Druckerei Manfred Siegel KG
ISBN 3-417-20844-0

INHALT

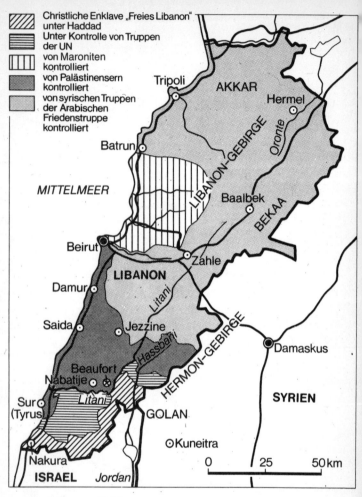

Der Libanon 1980

Legende:
- Christliche Enklave „Freies Libanon" unter Haddad
- Unter Kontrolle von Truppen der UN
- von Maroniten kontrolliert
- von Palästinensern kontrolliert
- von syrischen Truppen der Arabischen Friedenstruppe kontrolliert

MITTELMEER

Tripoli
AKKAR
Hermel
Oronte
Batrun
LIBANON-GEBIRGE
Baalbek
BEKAA
Beirut
Zahle
LIBANON
Damur
Litani
Saida
Jezzine
Hassbani
Damaskus
Beaufort
Nabatije
HERMON-GEBIRGE
Sur (Tyrus)
Litani
GOLAN
SYRIEN
Kuneitra
Nakura
0   25   50 km
ISRAEL   Jordan

aus: Elmar Krautkrämer, *Israel und Nahost. Der arabisch-israelitische Konflikt,* Verlag Moritz Diesterweg, Frankfurt/Main, 2. Aufl. 1986, S. 92

VORWORT

Oktober 1992. Ich sitze im Wohnzimmer bei Freunden in Beirut. In den Nachrichten Bilder vom Krieg in Bosnien. Alle weinen. Bis vor eineinhalb Jahren sah es hier genauso aus – achtzehn Jahre lang. Ein Bürgerkrieg dauert meist lange, weil es keine klaren Fronten gibt. Genauere Informationen über die Situation im Libanon will mir an diesem Abend niemand geben. Meine Freunde sprechen von ihrem Glauben. Stundenlang können die Beiruter Gläubigen über Gott erzählen. Er war ihnen in den Jahren der Angst nahe.

Diese Angst ist immer noch nicht vorüber. Gerade denke ich: Diese Stadt war einmal so reich wie Hamburg, meine Heimatstadt. Da fällt wieder der Strom aus, wie jeden Tag einmal. Auch die Wasserversorgung ist schwierig. In den Straßen stinkt es nach brennendem Müll. Meine Freunde stört das wenig. Sie haben Wichtigeres zu tun: Für Flüchtlinge aus den Bergen zerschossene Wohnungen herrichten, Waisenkinder unterbringen, Menschen nachgehen, die nur noch mit gezückter Pistole oder Valium leben können.

Ich möchte die Geschichte einer Libanesin und ihres deutschen Mannes erzählen, die Waisenkindern von Beirut in schlimmen Jahren geholfen haben.

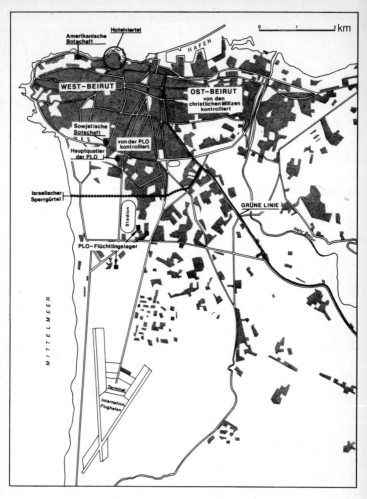

Beirut im Sommer 1982

aus: Gerhard Konzelmann, *Der unheilige Krieg,*
   © Hoffmann und Campe, Hamburg 1985

Als armes Mädchen in einer reichen Stadt

Zahle, ein kleiner Ort in der Bekaa-Ebene. Ein sechsjähriger Junge verliert seine Eltern. Sie sind Maroniten, libanesische Katholiken.

Bis er zwölf Jahre alt ist, wächst er in einem katholischen Waisenheim auf. Dann muß er sich Arbeit suchen, um den Rest seiner Familie zu ernähren. Er findet eine ungesunde Arbeit in einer Färberei. Wegen seiner mangelnden Schulbildung und Armut wird er sich zeitlebens schämen. Mit vierundzwanzig Jahren heiratet er ein Mädchen aus Zahle, aus einer syrisch-orthodoxen Familie.

Von seinem Lohn als Bäcker können sie in einem Kellerzimmer leben. Bald eröffnet er eine eigene kleine Bäckerei. Von früh morgens bis spät abends backen, verkaufen, die Extrawünsche der Kunden befriedigen.

Der Traum der jungen Leute ist Beirut, das »Paris des Ostens«. Dort würden sie gerne leben! In dieser pulsierenden, reichen Hafenstadt könnten sie bestimmt mehr Geld verdienen. Wie ein Magnet zieht Beirut die Menschen an. Beirut – das ist wie Las Vegas, New York, schnell verdienter Reichtum, Luxus. Daß die meisten Zugezogenen arm bleiben, wird schnell vergessen.

Die beiden Söhnchen Salim und Sami werden geboren. Nach drei Jahren zieht die kleine Familie um, nach Bikfaya im Libanongebirge, etwa eine halbe Autostunde von Beirut entfernt. In den Gärten stehen Birnen-, Pfirsich- und Pflaumenbäume. Sogar im Winter, wo es viel schneit, wachsen Nüsse.

Die Häuser haben Ziegeldächer. Rundherum sieht man auf die Berge. In dieser dörflichen Umgebung wird Jasmin geboren. Sie bewohnen den Kellerraum eines Mietshauses.

Jasmin mit eineinhalb Jahren

Ihre Mutter richtet das Zimmer schön her. Alles ist sehr sauber und ordentlich. Vor dem Haus legt sie einen kleinen Garten an und pflanzt Blumen.

Als Jasmin älter ist, läuft sie mit ihren Brüdern in den Garten hinters Haus. Dort stehen Nuß-, Aprikosen- und Apfelbäume, deren Früchte die Kinder in den heißen Sommern begeistert pflücken und essen.

Jasmin im Alter von zwei Jahren – mit ihren beiden älteren Brüdern

Mit sechs Jahren kommt Jasmin in eine französische Schule. Jeden Morgen geht sie nun die zehn Minuten Fußweg dorthin. Am unteren Ende der Straße kommt sie an einer prunkvollen Villa im französischen Stil vorbei. Dort wohnen reiche Leute. Sie haben ein behindertes Kind und sind sehr verständnisvoll. Immer, wenn das kleine, etwas scheue Mädchen vorbeigeht, schenken sie ihm leckere Pfirsiche, Pflaumen oder Birnen.

Die unmittelbaren Nachbarn von Jasmin sind Muslime aus Syrien. Da ihre Ehe kinderlos bleibt, kommt es häufig zu Streit. Schließlich nimmt sich der Nachbar eine zweite Frau. Seine erste Frau weint viel. Jasmin begreift nicht, wie der Mann das machen kann. Ihr Vater würde so etwas nie tun!

Sie spielt mit muslimischen wie mit maronitischen Kindern im Garten und auf der Straße. Viele Schulfreundinnen kommen Jasmin regelmäßig besuchen, am liebsten klettert sie jedoch mit Jungen auf Maulbeerbäume und pflückt wilden Wein. Dann kommt sie immer mit wunden Füßen und zerkratzten Händen nach Hause.

Die Eltern nehmen Jasmin regelmäßig mit in die Baptistengemeinde, wo der Vater, bisher nur dem Namen nach Christ, zum Glauben an Jesus gefunden hat und wo auch für die Kinder immer viel los ist. Sie spielen, singen, bewegen sich dazu, basteln kleine Geschenke.

Mit neun Jahren findet Jasmin während einer Evangelisation zu Gott. »Er hat ganz klar zu mir gesprochen, so wie in Johannes 3,16: ›Also hat Gott die Welt geliebt, daß alle, also auch ich, nicht verloren werden.‹ Und da habe ich plötzlich verstanden: Jesus ist an meiner Stelle gestorben. Er hat meine Strafe auf sich genommen. Dann habe ich mich einfach hingekniet und Jesus in mein Herz aufgenommen.«

Palmsonntag: Jasmin mit ihrer Mutter (ganz rechts)

Jasmin als Siebenjährige (links) und ihr Vater mit Kindern der Baptistengemeinde in Bikfaya

Als Jasmin gerade in die vierte Klasse kommen soll, zieht ihre Familie nach Beirut um. Dort arbeitet sich der Vater zum Hausmeister für wohlhabende Leute hoch.

Durch den frühen Tod eines Bruders hat Jasmins Vater mit seinem niedrigen Einkommen weitere fünf Kinder zu versorgen, die mit ihnen in der Einzimmer-Wohnung leben.

Jasmins Mutter, die Analphabetin geblieben ist, versucht mit Putzen und Schleppen fremder Einkäufe etwas hinzuzuverdienen.

Nach Jahren des Schuftens hat sich die Familie eine bescheidene Existenz aufgebaut. Ihr ganzer Stolz ist eine Waschmaschine. Weiter kommen sie ökonomisch nicht, aber sie geraten zwischen all dem glitzernden Reichtum auch nicht auf die schiefe Bahn, anders als viele in Beirut.

Das Zimmer hat die Mutter mit zwei Vorhängen so unterteilt, daß es ein Wohnzimmer, ein Schlafzimmer und eine Küche gibt.

Die Wohnungen in dem herrschaftlichen Haus, auf die der Vater als Hausmeister zu achten hat, sehen anders aus: Fünf Zimmer mit Zentralheizung, warmem Wasser, Bad und Toilette. Jasmins Familie behilft sich im Winter mit einem kleinen Ölofen.

Das Leben in Beirut geht rauher zu als in der Kleinstadt Bikfaya. Für ein Mädchen vom Lande schlägt sich Jasmin gut durch. Obwohl sie wegen ihrer Armut Minderwertigkeitskomplexe hat, fühlt sie sich wohl. Besonders in der neuen Schule. Hier wird jeder so angenommen, wie er ist, egal ob arm oder reich. Sie kommt auf eine englische Schule, die einer evangelischen Kirche, der »Gemeinde Gottes«, gehört. Zuerst hilft ihr eine deutsche Missionarsfamilie beim Englischlernen, dann lernt sie bei der englischen Lehrerin in der Klasse.

Mit zwölf Jahren hilft Jasmin zum erstenmal begeistert in der Haus-Kinderstunde der Baptistengemeinde mit. Sie spielt mit den arabischen Kinderstunden-Kindern und übersetzt, was die französische Missionarin erzählt, für die Kinder, die nur arabisch sprechen. Hier lernt sie, zu helfen und sich durchzusetzen.

Jasmin ist ehrgeizig. Sie lernt schnell, hat gute Noten und besucht die Schule länger als die beiden älteren Brüder. Sie träumt davon, Ärztin oder Stewardeß zu werden. Biologie ist ihr Lieblingsfach. Im naturwissenschaftlichen Zweig will sie ihr Abitur machen, obwohl sie auch gerne Gedichte und kurze Erzählungen schreibt.

Mit den Eltern versteht sie sich gut. Dem Vater hilft sie beim Einkaufen, der Mutter beim Bügeln.

Der Vater ist sehr stolz auf seine Tochter. Er nimmt sie überall mit hin, anders als seine Söhne. Denn Jasmin ist ihm ähnlich und hat als erste seiner Kinder zum Glauben an Jesus gefunden.

Das Herrschaftshaus, für das der Vater zu sorgen hat, liegt wie ihre eigene Wohnung in der gefährdeten Kriegszone von Beirut, unmittelbar an der Green Line, der Trennungslinie zwischen dem muslimischen und dem maronitischen Teil der Stadt. Der Arbeitsvertrag bindet den Vater an das Haus. Die reichen Bewohner haben sich längst nach Ägypten in Sicherheit gebracht. Jetzt wohnen noch Händler, wohlhabende Handwerker und ein Hotelier im Haus. Jasmins Eltern müssen, um das Haus zu schützen, Bombenbrände löschen und Mauern notdürftig wieder herrichten. Der Lohn liegt weit unter dem Durchschnitt.

Aber der Vater hat mitten in dem beginnenden Krieg, dessen Ende nicht abzusehen ist, einen anderen Halt gefunden. Er hat die übernommene christliche Tradition, die für ihn leer war, mit ihren Riten, Heiligenbildern, auswendig gelernten Gebeten und Kulten an den Nagel gehängt und sich in aller Schlichtheit Jesus zugewandt. Das ist sein Reichtum in einem Krieg, der sein Land zerrüttet.

Mit sechzehn Jahren fällt Jasmin die Entscheidung, sich Gott ganz zur Verfügung zu stellen. Sie will ihm später auch im Beruf dienen.

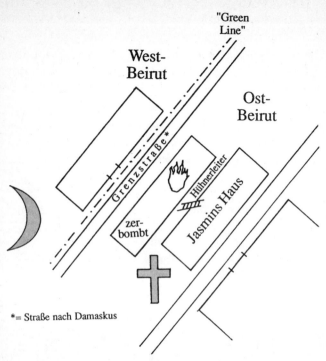

*= Straße nach Damaskus

Jasmins Wohnung liegt fast unmittelbar an der Grenze zum muslimischen Westteil der Stadt

Inzwischen lebt auch ihr jüngerer Bruder Albert aus demselben Glauben – für die Eltern eine doppelte Freude. Die beiden ältesten Brüder wenden sich dagegen ganz der »Welt«, das heißt dem Konsum und später dem Kriegsgeschäft zu.

An Jesus glauben – was heißt das in der Schule? Nicht abgucken, nicht betrügen, keine Birnen von den Nachbarn klauen, nicht immer mit den Geschwistern streiten. Die Feinde zu lieben – wie ist das möglich?

Ein Schlüsselerlebnis läßt sie da viel lernen: Es ist die Zeit, als die Syrer ins Land kommen. Ein syrischer Soldat steigt in ein Sammeltaxi, in dem auch Jasmin und einer ihrer Brüder sitzen. Der Syrer befiehlt die Route in Richtung auf den syrischen Kontrollposten am Stadtrand zu ändern. Mit der Pistole bedroht er die Fahrgäste. Am Kontrollpunkt angelangt, winkt er seine Kameraden zu sich, zeigt auf den Taxifahrer und behauptet lautstark und mit beiden Armen gestikulierend: »Dieser Mensch da wollte mich entführen.«

»Warum lügst du so?« fährt ihm Jasmin in die Parade. Sie hat die Worte kaum ausgesprochen, da landet die schwere Hand des Syrers mit voller Wucht in ihrem Gesicht. Jasmins Bruder, ein temperamentvoller Mann in libanesischer Uniform, sitzt neben ihr und kocht innerlich. Wie kann er die Ehre seiner Schwester retten? Jasmin betet: »Herr Jesus, laß es nicht zum Streit kommen. Du kämpfst ja hier für mich.«

Da kommt ein syrischer Offizier auf das Taxi zu und erklärt, der betreffende Soldat seiner Einheit sei etwas verrückt, das Taxi solle doch weiterfahren. Jasmin dankt Gott aus tiefstem Herzen.

Noch tagelang überlegt sie, wie sie einen Soldaten lieben kann, der sie geschlagen hat. Nein, das geht doch wohl zu weit. Das kann Jesus nicht gemeint haben. Bisher waren diese Menschen ihre »Gastarbeiter« und jetzt haben sie das Land besetzt und benehmen sich wie die Herren im Libanon.

Drei Tage nach dem Taxi-Erlebnis kniet Jasmin und betet: »Herr Jesus, schenke mir Liebe für diesen Menschen und für die anderen Syrer.« Dann steht sie erleichtert auf. Der Haß in ihrem Herzen ist fort.

Die muslimischen Nachbarn und Gäste beobachten die

16

Familie genau. Was sind das für Menschen, diese »Neutestamentler«, arabisch Evangeli (die Evangelischen, 1,25 % der Libanesen)? Diese Familie macht keine krummen Geschäfte, übt keine Gewalt gegen Andersgläubige aus. Die Tochter bewahrt sogar die Jungfräulichkeit, ist sauber und ehrlich. Sie werden auch von den Muslimen sehr geachtet.

Mehrere muslimische Männer wollen Jasmin heiraten. Sie nutzt jedoch die Zeit der Heiratsanträge nur dazu, auch diesen jungen Männern etwas von Jesus zu erzählen. Den Vätern drückt sie lächelnd ein Traktat in die Hand.

Ein älterer Cousin bedrängt sie, er hat schon für eine Wohnung gesorgt. Jasmin lehnt ab. Sie will erst lernen und später einmal einen gläubigen Mann heiraten oder gar nicht.

Beiruter Frauen und Mädchen tragen Minirock und keinen Schleier

Trotz ihres selbstbewußten Auftretens hat sie immer noch Minderwertigkeitsgefühle, weil sie aus einer armen Familie kommt. Jasmin ist die Tochter eines Hausmeisters. Ihre Mutter geht weiter putzen, damit Jasmin eine gute Schule und Hochschule besuchen kann. Manche Nachbarn haben es Jasmin immer wieder spüren lassen: »Du bist doch nur die Tochter von ...« Sie weiß, daß sie nicht weniger wert ist, nicht weniger geliebt, nicht dümmer als andere Mädchen. Für sie zählen nicht die Yves Saint Laurent-Kleider und die Lacoste-Polohemden ihrer Mitschülerinnen und doch – immer wieder drückt die Armut sie nieder. Sie fühlt sich klein.

Erst als sie erkennt, daß Gott sie wunderbar gemacht hat, und dafür dankbar wird, kann sie sich annehmen, wie sie ist. Sie weiß: Mein künftiger Mann muß meine Familie, meine Herkunft, meine materielle Armut genauso annehmen und liebhaben, wie ich es tun will.

Seit sie in der zehnten Klasse ist, arbeitet Jasmin in der Sonntagsschule der »Gemeinde Gottes« mit. Sie erzählt den Kindern Geschichten aus der Bibel und spielt mit ihnen. Die Kinder spüren, daß sie sie liebt. Ein Junge fand in dieser Zeit zu Gott und leitet heute selbst Kinderstunden.

In Theopolis, einem Gemeindedorf in den Bergen außerhalb von Beirut, hilft sie bei den Feriencamps für Kinder. Pastor Melki und andere Mitarbeiter bringen ihnen dort Erste Hilfe und Sternkunde bei, zeigen ihnen, wie sie Wege vermessen und Zelte aufbauen können. Jasmin lernt ebenso begeistert wie die Kinder. Die Mischung aus Pfadfinderleben, Bibellesen und Gebet gefällt ihr. Sich über einen Fluß zu hangeln, soll genauso zum gemeinsamen Leben gehören wie das Lesen in Gottes Wort.

Alltag im Bürgerkrieg

Jasmin ist in der elften Klasse, aber ein Jahr lang dürfen die Kinder Beiruts wegen der Kämpfe nicht zur Schule gehen. Es ist ausgerechnet das Jahr, in dem Jasmin ihr Abitur machen wollte. Das Vorabitur hat sie schon mit Auszeichnung bestanden. Was wird nun? Die Familie sitzt im dämmrigen Kellerraum. Die zersprungenen Fensterscheiben sind durch Bretter ersetzt. Nur noch durch einen schmalen Spalt kommt das Sonnenlicht in den Raum. Niemand darf sich auf die Straße trauen. Aus Tagen werden Wochen, aus Wochen Monate.

Jasmin kommen schon Minuten wie eine Ewigkeit vor. Sie betet viel.

Maronitische Milizen kämpfen mit Teilen der libanesischen Armee gegen schiitische und palästinensische Milizen und einem andern Teil der libanesischen Armee.

Zwei oder drei Stunden am Tag, meist am späten Vormittag, ist es etwas ruhiger in der Stadt. Dann kaufen viele Menschen ein, trotz des Risikos, nicht lebend zurückzukommen. Im übrigen leben sie von ihren Vorräten oder hungern.

Der Eingangsbereich des Hauses ist völlig zerbombt, die Fenster zerschossen. Sand wird zur notdürftigen Reparatur herbeigeschleppt. Auf allen Häusern sitzen schiitische Scharfschützen, die nach »Stückzahlen« bezahlt werden. Sie töten Menschen, egal ob Christen oder Muslime, Männer oder Frauen. Selbst Rot-Kreuz-Wagen werden beschossen. Das Ziel ist die völlige Demoralisierung der Bevölkerung, die die schiitische Miliz als Gegner ansieht.

Eines Tages verläßt eine ägyptische Hausangestellte von Jasmins Nachbarn das Haus, um in der gegenüberliegenden Schlachterei einzukaufen. Jasmin ruft ihr hinterher, will sie vor den Heckenschützen auf der muslimischen Straßenseite warnen. Die Frau hält siegessicher das Halbmondzeichen ihres Glaubens hoch – da wird sie auch schon von der Kugel des Scharfschützen getroffen. Für ihn zählt nur die Abschußquote.

Jasmin läuft die Treppe hinauf zu Nachbarn, die ein Telefon besitzen und ruft die Ambulanz an. Sie sieht die Frau in ihrem Blut liegen. Menschen schreien aus den Fenstern. Vor Jasmins Augen dreht sich alles. Endlich kommt ein Rettungswagen. Er kann aber nicht unmittelbar an den Tatort heranfahren, weil der Scharfschütze immer weiter schießt. Als es schließlich doch gelingt, die Frau zum Rettungswagen zu bringen, ist sie bereits verblutet. Eine von 44.000 zivilen Toten des Bürgerkrieges.

Wer sein Haus oder Geschäft im sogenannten christlichen Teil Beiruts hat, ist ein »Feind« der muslimischen Milizen und umgekehrt. Ein Wahnsinn in einer kosmopolitischen, multireligiösen Stadt.

Wenige Tage danach läuft ein junger Mann ängstlich über die Straße. Wieder fallen Schüsse. Jasmins Mutter öffnet die Haustür, will dem Angeschossenen helfen, in die Wohnung zu kommen, und greift unter seine Arme. Da fällt erneut ein Schuß. Der junge Unbekannte verblutet im Flur vor Jasmins Wohnung.

Die Scharfschützen vor und hinter dem Haus schießen nun Tag und Nacht. Granatfeuer einundzwanzig Stunden am Tag. Wenn der Eingang beschossen wird, kann man von hinten über eine Hühnerleiter auf einen Balkon und von dort ins Haus gelangen, immer unter der Gefahr, daß einer der Hausbewohner vom Dach aus mit Steinen wirft.

Jasmins Freundinnen verstehen nicht, warum sie weiterhin regelmäßig die Bibelstunden von Pastor Melki besucht. »Wie kannst du nur auf die Straße gehen? Es ist zu gefährlich.« Jasmin denkt: »Gott wird mich beschützen, wenn er will, daß ich weiter lebe und für ihn etwas tue. Außerdem habe ich keine Angst vor dem Sterben, auch wenn ich ein sehr schreckhafter Mensch bin. Wenn ich sterbe, dann hat jede Not in meinem Leben ein Ende.« Diese Furchtlosigkeit eines unbewaffneten Mädchens stellt für viele Bekannte eine Herausforderung dar.

Milizen-Propaganda an Beiruter Wohnruinen

Abends schreibt Jasmin Gedichte in arabischer Sprache. Viele Gedichte sind Briefe an einen fanatischen Soldaten. Aufrufe, die Liebe Gottes endlich anzunehmen. Außerdem schreibt sie Naturgedichte und Balladen.

In dem schulfreien Jahr bekommt Jasmins Schwägerin ein Baby, Hoffnung und Belastung in einem für die Großfamilie. Jasmin hilft der jungen Mutter liebevoll bei der Versorgung des Kindes.

Immer wieder fällt der Strom aus. Kerzenstummel werden Gold wert. Wann wird es wieder fließendes Wasser geben, unvermengt mit Fäkalien? Angst und Langeweile passen kaum zueinander und bestimmen doch so manche Stunde. Jeden Morgen ist Jasmin dankbar, zu erleben, daß die Sonne aufgeht. Bald ist Weihnachten.

Die »christliche« Oberschicht feiert in den ehemaligen Touristenhotels ihre Bankette, tanzt in tief ausgeschnittenen Abendkleidern und angeklebten Wimpern ihren Tanz auf dem Vulkan. Sie hat Jasmins Heimat ruiniert. Diese Menschen sehen sich als gerecht und gut an und fühlen sich als Kämpfer für Gott, den Fortschritt und die Nation. Ihre Feinde dagegen sind »unmoralisch«, »gegen Gott und den Libanon«. Dabei hat das private Leben der christlichen Reichen längst beinahe jeden moralischen Maßstab verloren.

Mit dem wirklichen Jesus, dessen Kreuz die Männer um den Hals oder an der Maschinenpistole tragen, wollen sie nichts zu tun haben. Sie sehen sich als die Herren, und was christlich ist, bestimmen *sie*.

Sie haben das multikulturelle Zusammenleben im Größenwahn zerstört. Fremde Mächte haben sie ins Land geholt und damit jede Friedensbemühung im Innern zerstört: Zuerst die Israelis, dann die Amerikaner, schließlich die Syrer.

»Christliche« Propaganda an Häuserwänden

Kein Lehrbuch des wissenschaftlichen Atheismus könnte ein abschreckenderes Bild vom Christentum malen, nur mit dem Unterschied, daß dies hier die Wirklichkeit ist.

Was wird aus den Menschen in diesem scheinbar nie endenden Krieg mit täglich neuer Schuld? Wie wirken sich fast zwanzig Jahre Gesetzlosigkeit auf Menschen aus, ohne Polizei, ohne Orientierung?

Der Valium-Konsum wird der höchste der Welt. Christliche, muslimische und drusische Reiche spielen weiter Golf, trotz Granatfeuers. Ihre Familien kaufen täglich frisch eingeflogene Wachteleier aus Paris. Andere machen

Schluß mit der Fassade verfeinerter französischer Kultur und finden in einem islamischen Rambo ihr Vorbild.

Zynismus geht um. Man erzählt sich Witze von einem Mann, der stets eine Bombe mit ins Auto nimmt, weil die statistische Wahrscheinlichkeit, zwei Bomben im Auto zu haben, äußerst gering ist. Überleben scheint Zufall zu sein. Wenn beinahe jeder Handel dieser einstigen Handelsmetropole des Nahen Ostens zusammenbricht – der Drogenhandel blüht mehr denn je.

Gegen Heckenschützen, die Kopfprämien kassieren, kann man sich nicht schützen. Menschen sprechen über Gewalt wie anderswo übers Wetter. Traditionelle Bindungen werden brüchig. Kann der syrische Sozialismus, können Israels Waffen oder kann Allah die »libanesische Krankheit« heilen? Aus der »Schweiz des Nahen Ostens« ist beinahe ein Dritte-Welt-Land geworden.

Die New York Times notiert im Winter 1983: »In Beirut gibt es keine Wahrheit.« Aber wie Jasmin haben Menschen gerade hier in Jesus den wahren und lebendigen Gott erlebt. Tausende sind in den Jahren des Krieges zum Glauben gekommen. Und Gott hat seine Gemeinde geschützt. Um sie herum lösen sich liebgewordene Denkgewohnheiten auf.

Seit 1968 sind 380.000 Palästinenser in den Libanon geflüchtet – eine riesige Minderheit in dem etwa 3,5 Millionen-Staat. PLO-Führer Arafat, der glänzende und von seinem Volk geliebte Verlierer mehrerer Nahost-Kriege, wird von vielen seiner Landsleute links überholt. Er ist ihnen nicht mehr radikal genug. Doch es gelingt ihm, sein vergessenes Volk mit Bombenattentaten wieder in die Schlagzeilen der Weltpresse zu bringen. 1975 wird Arafat de facto Bürgermeister von West-Beirut. Die westliche Presse verhätschelt die PLO, recherchiert hier weniger kritisch als

Werbung für Luxusartikel an einer Hausruine

bei den sogenannten eigenen Leuten. Christliche Milizenführer feiern weiterhin Orgien in Nobelcasinos. Für Geld
scheint es immer noch alles zu geben, von der Aufenthalts-
erlaubnis bis zur Heiratsurkunde. Das allgegenwärtige »In-
schallah« – so Gott will – deutet nach so vielen Kriegsjah-
ren weniger auf Gottvertrauen als auf Selbstberuhigung.
Jeder trägt die Angst mit sich herum wie sein Hemd. Bald
schießen Christen auf Christen, Muslime auf Muslime. Im
konservativ-muslimischen Hama in Syrien läßt die syrische Armee im Februar 1982 25.000 Glaubensbrüder er-
morden. Assad, den die Menschen in Hama als »Maroniten« beschimpfen, beruft sich auf Stalin, der zur Säube-
rung seiner Revolution ja schließlich auch Opfer habe
bringen müssen.

Der West-Beiruter palästinensische Ministaat ist den Israelis ein Dorn im Auge. Mit ihrem Einmarsch in Beirut
1982 könnte man, so denken viele Maroniten, auch gleich
mit den Muslimen aufräumen. Die israelische Presse
spricht davon, »Widerstandsnester auszuputzen«. Israelis
und libanesische Maroniten haben eine Gemeinsamkeit
entdeckt: Sie fühlen sich als Träger einer westlichen Zivili-
sation, umgeben von »dreckigen« Muslimen.

Begin, der als kleiner Junge die Pogrome des katholischen Polens erlebt hat, ist vernarrt in die Idee, die Katholiken des Libanon retten zu können. Daß seine Beiruter
Verbündeten mehr Mafiosis als Mönchen gleichen, will er
nicht wissen. Ein jüdischer Machtrausch soll das Erlebnis
jüdischer Ohnmacht in Polen übertünchen. Unklar bleibt,
wer wessen Werkzeug ist – die Israelis das Werkzeug der
Maroniten, die sonst mit den Syrern ziehen würden und
später gezogen sind, oder die Maroniten das Werkzeug der
Israelis, die einen Verbündeten zur »Erledigung« des Palä-
stinenserproblems gesucht und gefunden haben? Beide

hatten eine völlig falsche Vorstellung voneinander. Die arabischen Regierungen lassen einmal mehr die Palästinenser im Stich.

Am 23. August 1982 wird Baschir Gemayel Präsident des Libanon von Israels Gnaden. Am 14. September wird er von einem Syrer ermordet. Daraufhin führen die maronitischen Falange-Milizen mit Beistand der Israelis in den palästinensischen Flüchtlingslagern Sabra und Schatila einen Massenmord durch. Der syrische Mörder dient als Vorwand, mit allen Muslimen »aufzuräumen«. Libanesen, die sich in der Nähe aufhalten, werden gleich mit umgebracht. Durch sein Eingreifen hat das israelische Militär eine weitere Radikalisierung und Instabilität des Landes bewirkt. Fundamentalistisch-pro-iranische Schiiten, Drusen, panarabisch orientierte Sunniten und pro-westliche Maroniten kämpfen gegeneinander. Außerdem wird mit israelischer Unterstützung ein noch korrupterer Präsident eingesetzt – Amin Gemayel.

Die Schiiten des Südlibanon, die die Palästinenser-Herrschaft loswerden wollten, verwandeln sich von potentiellen Verbündeten Israels zu erbitterten Feinden. Anlaß ist das Hup-Konzert eines israelischen Militärkonvois, der in Nabatija das Feiern des Ashura, des höchsten Festes der Schiiten, stört. Die Teilnehmer fühlen sich provoziert und begehren gegen die israelischen Soldaten auf, die daraufhin gewaltsam das Fest beenden. Für Israel entsteht damit eine neue Front.

Die Situation wird immer verworrener. Ende 1986 verkauft die maronitische Regierung libanesische Pässe und Visa an die PLO. Im Libanon scheint jeder gegen jeden zu kämpfen. Wann endlich geschieht Vergebung?

Amin Gemayel kennt die Amerikaner aus unzähligen Cowboy-Filmen. Dort beendet die US-Armee jeden Indianerkrieg siegreich. Er sieht sich selbst als Kennedy des Libanon und ruft nun die Marines zu Hilfe. Die US-Truppen sollen wie zuvor die Israelis nicht der Stabilisierung des Libanon, sondern dem Ausschalten der Muslime von der politischen Macht dienen.

Gemayel hat vergessen, daß es die Amerikaner waren, die 1978 den christlichen Libanesen rieten, ihr Land aufzugeben und mit Entschädigung in die USA zu emigrieren. Im Libanon sollte auf diese Weise ein Palästinenserstaat entstehen. Für Amerikas Verbündeten Israel wäre dann das Palästinenserproblem vom Tisch gewesen, eventuell ohne Rückgabe der besetzten Gebiete. Der Libanon müsse geopfert werden, erklärte US-Botschafter Richard Parker am 14. August 1978 in Beirut. Würde Ronald Reagan jetzt, 1983, eingreifen? Er schickt 800 Marines gegen PLO und Syrer, die mit den Sowjets verbündet sind. Doch der von Gemayel erhoffte Erfolg bleibt aus. Nach wenigen Wochen werden die Marines wieder abgezogen. Sie haben 242 Opfer zu beklagen.

Auch Frankreich, aus dessen Protektorat der libanesische Staat hervorgegangen war, hat seine Rolle als Schirmherr der Christen im Orient gekündigt.

Die Situation der Wirtschaft sieht inzwischen so aus, daß kein ausländischer Geldgeber mehr investiert. Der »Idee Beirut«, einer weithin friedlichen Coexistenz zwischen Christen, Drusen, Schiiten und Sunniten, ist ihre Grundlage entzogen worden – der gemeinsame Handel und Reichtum. Armenische Juweliere, maronitische Banker und muslimische Kaffee- und Autohändler hatten jahrzehntelang miteinander gute Geschäfte gemacht. Die Eliten aller Religionsgruppen waren miteinander verschwägert. Jede verrückte Idee, jede Art von Avantgarde konnte in Beirut leben. Damit ist jetzt Schluß.

Christen und Muslime hausen in selbstgezimmerten Gettos. Isolation bringt Armut in jeder Hinsicht mit sich. Viele positive Kontakte zerreißen, die Halbwelt bleibt. Drogen und Puff, Reklametafel und Reizwäsche stehen für Beirut. Gemayels Parole »der Libanon den Libanesen«, bleibt eine Illusion.

Auch hier wohnen Menschen

Eine andere Macht meldet 1988 ihren Herrschaftsanspruch an. »Allahu akbar« – »Gott ist größer als alle«, tönt es durch West-Beirut. »Iran und Libanon sind eins«, verkündet Ayatollah Khomeini. War es nicht Frankreich, die alte Schutzmacht der Maroniten, die Khomeini zu dem werden ließ, was er nun ist? Jetzt scheint es zu spät. Nach dem Sieg über den Irak sollen seine schiitischen Glaubenskämpfer mit syrischer Hilfe den Libanon an seinen Gottesstaat anschließen. Bei diesem Plan hat Khomeini allerdings die Aversion der Araber gegen die Iraner nicht berücksichtigt. Die Iraner gehören nicht zur arabischen Völkerfamilie. Für viele Araber gelten nach wie vor Moslems und Araber als Synonyme. Khomeinis Plan mißlingt.

In diesem Kriegsszenario lebt Jasmin seit vierzehn Jahren. Früher brandete das Meer an einen Traumstrand, dahinter sah man ein Blütenmeer von Orangen- und Mandelbäumen. Oben stiegen schneebedeckte Berge auf. Noch immer könnte es ein Land sein, wo Milch und Honig fließen, wenn da nicht dieser alles zerstörende Krieg wäre.

Vor dem Ausbruch der Kämpfe 1958 wähnte sich ein Großteil der libanesischen Bevölkerung reich, glücklich und zufrieden, wollte mit der Not der arabischen Massen von Algier, Kairo und Bagdad nichts zu tun haben. Nun sitzen diese Menschen am Radio und lauern auf die Benennung der Stadtteile, in denen an dem betreffenden Tag nicht geschossen wird. Das kurze Aufatmen wird genutzt, Trümmer zu beseitigen, Verwundete zu bergen, Tote mit Benzin zu übergießen und zu verbrennen oder zu bestatten.

Gibt es irgendwo noch eine Wirklichkeit, die bleibt? fragen sich die Leute. Welchen Sinn hat das Leben nach all den Entführungen, Grausamkeiten und Morden? Was wir Verteidigung nennen, läuft auf Zerstörung hinaus. Schmerzlich ist der Erkenntnisprozeß auf maronitischer wie auf muslimischer Seite. Viele erkennen: Wir selbst begehen nicht weniger Teufeleien als die Gegenseite. Heckenschützen schießen auf die Feuerwehr. Moscheen und Kirchen gehen in Flammen auf. Die Zerstörung muslimischer Elendsviertel wie christlicher Dörfer wird von der gegnerischen Oberschicht mit Champagner begossen. Zwanzig Prozent aller Häuser und fünfzig Prozent aller Fabriken auf beiden Seiten werden zerstört.

Spielen im Müll

Wohin mit all der Zerstörung, mit all der Schuld? Wer kann das wieder heilen?

Traditionen oder Schulbildung helfen hier wenig. Wie ist Liebe möglich? Wer nimmt die Last des Erlebten ab? Einundzwanzig Stunden Schießen am Tag, fast zwanzig Jahre lang.

Manche Milizionäre legen nach der Lektüre des Neuen Testamentes ihr Gewehr ab. Sie begreifen, daß die Verteidigung des christlichen Erbes nur Zerstörung gebracht hat. Innerer und äußerer Frieden sind nur mit Jesus, Geborgenheit nur mit Gott zu finden. Killer bekehren sich. Jeder Waffenstillstand ist gebrochen worden, aber Gottes Frieden wird bleiben. Denn Gott bleibt treu.

Ein junger Mann namens Sheid, einer der übelsten Killer muslimischer Kriegsgefangener, drogenabhängig, findet im Gefängnis der gegnerischen Miliz zu Jesus. Andere Milizionäre verlassen ihr bisheriges Leben und besuchen anstatt des militärischen Schulungslagers ein Bible-College in Beirut.

Brief aus Deutschland

1984, auf dem ersten Höhepunkt des Bürgerkrieges, erreicht Jasmins Gemeinde ein Brief aus Deutschland mit dem Angebot einer Bibelschulausbildung. Einige junge Leute können aus der bedrohten Stadt herausgebracht werden. Ein libanesischer Junge hatte bereits ein Jahr zuvor ein Bibelstudium aufgenommen. Er ist heute Pastor im Libanon.

Soll Jasmin auf eine Bibelschule nach Deutschland gehen? Sie will nicht ohne Gott fahren, betet ein Jahr lang und ringt mit Gott um eine Entscheidung. Er muß jemand nach Beirut senden, der Jasmin so schnell wie möglich Deutsch beibringt, wenn das wirklich gehen soll. Das Goethe-Institut von Beirut ist für Jasmin nicht erreichbar, weil es im muslimischen Teil der Stadt liegt und jedes Passieren der Green Line zu diesem Zeitpunkt lebensgefährlich ist.

Nach einem Jahr lernt Jasmin die Tochter eines deutsch-arabischen Pastors in Beirut kennen, die ihr begeistert die Grundkenntnisse der deutschen Sprache beibringt. Jasmin beantragt eine Zulassungserlaubnis zur vierjährigen Bibelschulausbildung im hessischen Fritzlar. Ein zweijähriger Kurs würde ihr wenig bringen, da sie sich in so kurzer Zeit nicht genug in die fremde Sprache einfinden könnte. Die Sondergenehmigung wird erteilt. Das Ticket ist gekauft – nun fehlt nur noch das Visum für Deutschland. Die Deutsche Botschaft liegt jedoch auch im muslimischen Teil Beiruts, und jeden Tag wird mehr geschossen. Die Menschen trauen sich kaum aus ihren Kellern heraus. Außerdem muß Jasmin noch zum Zahnarzt. Alles muß ganz schnell gehen.

Wird sie sich überhaupt noch verabschieden können, für so eine lange Zeit? Endlich kommt das Visum aus

Deutschland, an die Adresse von Jasmins Gemeinde. Schließlich bleibt nicht einmal mehr Zeit, den Vater in die Arme zu nehmen. Der alte Pastor Melki selbst bringt Jasmin durch das muslimische Beirut, vorbei an den Lagern der Palästinenser, zum internationalen Flughafen. Gerade in dieser einen Stunde ruhen die Waffen. Bei einer Fortsetzung der Kampfhandlungen hätte es nicht mehr geklappt. Der direkte Zufahrtsweg wäre versperrt gewesen, und der Umweg über die muslimischen Bergdörfer im Südwesten hätte Stunden gedauert.

Manuelle, eine Freundin von Jasmin, fliegt mit. Sie will auch die Bibelschule in Fritzlar besuchen.

Vier Wochen nach ihrer Ankunft in Deutschland haben Manuelle und Jasmin immer noch nichts von ihren Eltern gehört. Angst überfällt sie. Dann kommt die bedrückende, die befreiende Nachricht. Unmittelbar nach dem Abflug begannen die bisher härtesten Kämpfe des Bürgerkrieges. Beirut war für Wochen von der Außenwelt völlig abgeschlossen. Nichts ging mehr. Doch haben alle Familienangehörigen sowie die gesamte Gemeinde die Kämpfe überlebt.

Beide Mädchen danken Gott auf den Knien, daß er so liebevoll für sie gesorgt hat. Jasmin lernt intensiv Deutsch und studiert die Bibel. Zu Beginn sprechen die Freundinnen mit ihren Mitschülern noch viel Englisch, nach einem halben Jahr nur noch Deutsch. Manuelle führt immer das Wort. Jasmin steht in ihrem Schatten. Durch Manuelles Dominanz kann sich Jasmins Deutsch nur langsam entfalten. Jasmin wirkt bedrückt und verschlossen. Sie versteht das nicht. Sie denkt: »Ich bin doch eigentlich ein fröhlicher Mensch, der immer Spaß machen will. Und jetzt verkrieche ich mich hier.« Nach langen Gebeten verläßt sie zum erstenmal die Bibelschule und erkundet die kleine, saubere

Stadt. Sie freut sich an der blühenden Natur, an den Gärten rings um die Schule. Langsam lernt sie, auf andere zuzugehen, Kontakte zu knüpfen, aus Manuelles Schatten zu treten.

In den kleinen Geschäften wird Jasmin nach ihrer Herkunft und dem Grund ihres Aufenthalts in Deutschland gefragt. Eine Araberin auf einer deutschen Bibelschule? Geschäftsinhaber laden Jasmin zum Essen ein. Sie nutzt die Kontakte, um den Deutschen von Jesus zu erzählen. Viele staunen. Eine Verkäuferin findet zum Glauben.

Jasmin wundert sich über die Offenheit vieler Deutscher. Hat sie doch so viel von Kälte und Ausländerhaß gehört. Erst Jahre später wird sie im Supermarkt als »Türkin« beschimpft und in bewußt falschem Deutsch angesprochen.

Im Umfeld der Fritzlarer Bibelschule scheint das anders zu sein. Ein drogenabhängiges Mädchen kommt nach vielen Gesprächen mit Jasmin zum Glauben. Aus Dankbarkeit schenkt sie der musikbegeisterten Libanesin eine Flöte, in die sie das Datum ihres Freiwerdens geritzt hat.

Nach zwei Jahren geht Manuelle zurück in den Libanon. Sie will dort heiraten.

Die deutschen Mitschüler staunen nicht schlecht darüber, wie sich Jasmin plötzlich verändert. »Wir wußten gar nicht, daß du soviel Spaß machen kannst. Daß du lachen kannst. Du bist ganz anders, als wir dachten.« Jasmin hat zu sich selbst zurückgefunden. Sie kann Entscheidungen selber treffen. Sie empfindet Fritzlar als ihr neues Zuhause.

Im dritten Bibelschuljahr absolviert Jasmin ihr vierteljähriges Praktikum in einer Gemeinde in Braunschweig. Sie wohnt bei der Pastorenfamilie, hilft bei der Versorgung ihres Babys, arbeitet in den Kinderstunden, der Jungschar und der Jugendarbeit mit.

Gegen Ende des vierten Bibelschuljahres tritt der Gemeinderat in Braunschweig mit dem Wunsch an Jasmin heran, sie möge dort in der Kinder-, Jugend- und Frauenarbeit mitarbeiten. Die Gemeinde weiß, daß eine Rückkehr in den Libanon für Jasmin auf absehbare Zeit nicht möglich ist.

Jasmin erbittet Bedenkzeit. Eigentlich will sie doch sobald wie möglich zurück in den Libanon. Dann wird ihr klar: Sie kann überall für Gott arbeiten.

Schon während der Bibelschulzeit hat Jasmin ihren Unterhalt im Altenheim verdient. Wenn die anderen Bibelschüler nach Hause oder zu Freunden fuhren, verdiente sie Geld. An den Feiertagen lud der Bibelschulleiter sie zu sich nach Hause ein. Außerdem hat Jasmin für die Finanzierung eines Einsatzes in Amerika gegen Ende ihrer Bibelschulzeit gejobbt. Sie soll in deutschsprachigen Gemeinden im Südwesten der USA singen, wo das hundertjährige Bestehen der »Gemeinde Gottes« gefeiert wird. Dort wohnt sie bei einer amerikanischen Familie und deren beiden erwachsenen Kindern, mit denen sie sich bald anfreundet. Der Sohn verliebt sich in Jasmin, er will sie heiraten.

Als Jasmin wieder in Deutschland ist, schreiben sie sich regelmäßig. Dann erhält Jasmin plötzlich keine Briefe mehr. Sie will die Sache klären und betet: »Wenn du willst, will ich gerne heiraten. Wenn nicht, will ich auch von keinem Mann etwas wissen. Ich wünsche mir nur so sehr eine Klärung.«

Sie will keinem Mann hinterherlaufen. Soll sie nun sofort in den Libanon zurückkehren oder die Stelle in der Kinderarbeit in Braunschweig annehmen?

Wenige Wochen später wird der Beiruter Flughafen gesperrt. Der Krieg läuft auf seinen Höhepunkt zu. Niemand kann mehr gewinnen. Was soll aus Jasmin werden? Ihr Visum ist abgelaufen. Beirut ist auf unabsehbare Zeit geschlossen.

Als das Visum dann doch noch verlängert wird, nimmt Jasmin diese Entscheidung als Gottes gnädigen Wink an und folgt der Anfrage nach Braunschweig.

Dort leitet sie zum erstenmal Hauskinderstunden: Sie geht in die Familien, sammelt kleine Kindergruppen zusammen, bastelt, malt, spielt und singt mit ihnen in den jeweiligen Wohnhäusern.

In der Praxis lernt sie, wie Mädchen- und Jungengruppen, Teenagerkreise und Mutter-Kind-Gruppen zu organisieren und zu leiten sind.

Eines Tages erfährt Jasmin von einem fürchterlichen Plan. Einige Deutsche, so hört sie, wollen sie entführen und töten: »Die Libanesin muß weg hier.« Was soll das? Angst überfällt Jasmin. Nur mit zitternden Schritten betritt sie manche Häuser. Warum planen Menschen so etwas? Machen die Nachrichten aus dem Fernsehen über arabische Terroristen sie hysterisch?

Jasmin bringt ihre Angst im Gebet vor den gekreuzigten Jesus. Sie hat im Bürgerkrieg immer wieder erfahren: Nur hier kann ihr die Angst genommen werden.

Über ein Jahr lebt sie als Haustochter und Mitarbeiterin in Braunschweig, sie gehört mit in die Pastorenfamilie. Bei ihr fühlt sich Jasmin bald so wohl wie in ihrer leiblichen Familie. »Gott meint es gut mit mir«, denkt sie.

Jens

Als Jasmin die Bibelschule in Fritzlar besuchte, gab es dort einen jungen Mann mit Namen Jens, den sie aber nicht näher kennenlernte. In Braunschweig trifft sie ihn wieder. Er ist bereits mit dem Orient vertraut, wie sie hört.

Jasmin bemerkt Jens' Interesse an ihr. Sie selbst läßt sich nichts anmerken. Ihre Enttäuschung über den amerikanischen Freund ist noch zu frisch. Aber sie mag Jens. Es gefällt ihr, daß er ernsthaft und gleichzeitig so fröhlich ist.

Doch eine Freundschaft? Waren sie nicht zu verschieden?

Jens hat eine völlig andere Geschichte als Jasmin. Er stammt aus einer alten Bauernfamilie. Der Vater kommt aus Brandenburg, die Mutter aus Bessarabien. In den Nachkriegswirren lernen sie sich in der Nähe von Magdeburg kennen und finden wenig später, während der Evangelisation der Landeskirchlichen Gemeinschaft, zum Glauben. Der Großvater ist bis zum Lebensende ein verbitterter Nazi. Der andere Großvater konvertierte in der DDR vom Nationalsozialismus zur Strategie des reibungslosen Lebens im Stalinismus.

Die Eltern heiraten in Berlin, ziehen dann aber aufs Land in die Nähe von Ludwigsburg in Süddeutschland. Der Vater fängt als landwirtschaftlicher Helfer an und arbeitet sich bald zum Meister hoch.

Jens ist der zweitälteste von sieben Kindern. Der Vater bekommt schließlich die Chance, einen Betrieb innerhalb eines großen Behindertenwerkes zu führen – einen Bauernhof in Württemberg, auf dessen Gelände sich ein Alten- und Pflegeheim für Körperbehinderte befindet. Damit wächst auch der Platz für die Familie, der Spiel- und Lebensraum der Kinder.

Den gedanklichen Horizont erlebt Jens als äußerst klein. Nach Stuttgart zu fahren, kommt einer Weltreise gleich. Die Kinder sprechen wie alle Nachbarn ein breites Schwäbisch. In ihre kleine Welt gehören jede Menge Tiere und viele Aufgaben, die die Kinder einer so großen Familie zu verrichten haben.

Die Frömmigkeit der Eltern zeigt sich in der Stille, in der zurückhaltenden Bescheidenheit. Gäste erleben, daß sie beten, das Kalenderblättchen und die Bibel lesen. Der Rest spielt sich im Verborgenen ab. Erst als die Kinder groß sind und offen mit anderen über ihr Leben sprechen, ziehen auch die Eltern mit, öffnen sich gegenüber Fremden und erzählen den Nachbarn von ihrem Glauben.

Vorerst besucht Jens jedoch eine kleine Grundschule mit vier frommen Lehrerinnen, die mit den Kindern täglich in die Natur gehen, um zu singen und zu spielen. Für die Lehrerinnen ist das Maß aller Pädagogik Harmonie und heile Welt.

Nach der vierten Klasse geht das alles abrupt zu Ende. Der Vater tritt eine neue Stelle als landwirtschaftlicher Verwalter an, und die Familie zieht in die Nähe von Düsseldorf. Ein schwäbelnder Junge kommt in die großstädtische Realschule, wo er sich anfangs überhaupt nicht zurechtfindet. Alle sind hier so laut und unruhig. Der ländlich enge Rahmen ist plötzlich weg. Die Eltern und die Großfamilie bieten einen vorläufig letzten Halt. Es gibt für sie keinen Fernseher. Dafür hat jedes Kind ein Haustier, für das es sorgt: Katzen, Hunde, Gänse, Pferde, Kaninchen. Jens hält sich ein Schaf. Verantwortung, Pflege und eigenes Erwirtschaften eines Taschengeldes über die Tiere dienen dem Vater als Mittel, die Kinder an das Haus zu binden.

Jens ist ein sensibler, eher zurückhaltender Junge. Aber bald reicht ihm die Improvisation des ländlichen Lebens nicht mehr. Er will das erleben, was die anderen Jungen in der Klasse haben und machen.

Mit dreizehn schließt er sich einer Gruppe an, die nachmittags an Mofas, Mopeds und Motorrädern bastelt, um dann mit den frisierten Maschinen durch die Gegend zu brausen. Jens ist der Jüngste in der Klasse und in der neuen Clique. Als Schwächster braucht er die Gruppe besonders. Er empfindet ein starkes Bedürfnis, sich anzulehnen.

Mit fünfzehn bildet die Moped-Gruppe seine Hauptorientierung. Sein bester Freund, Wilfried, ist zugleich sein Vorbild. Wilfried fährt auf schweren Motorrädern ohne Führerschein und zeigt Jens einige Tricks, wie man fremde Schlösser öffnet. Ein neues Hobby entsteht – Nervenkitzel. Aus einem Sport entwickelt der Freund einen organisierten Diebstahl von Motorrädern aus fremden Garagen.

Jens gerät in einen tiefen Konflikt. Vom Elternhaus her weiß er zu unterscheiden zwischen recht und unrecht, aber dieser Wilfried ist doch sein Freund. Nachdem Fremde dem Freund aus gutem Hause auf die Schliche kommen und die Diebstahlserie aufzufliegen droht, wendet sich Wilfried an Jens mit der Bitte um Hilfe. In einer Nacht- und Nebelaktion soll er alle Tathinweise in einem Teich versenken. Jens bekennt zitternd: »Das kann ich nicht.« Sein Hals ist wie zugeschnürt. Er weiß nur, daß eine innere Stimme ihn von dieser Art Straftaten abhält: Steig hier aus!

Wilfried macht weiter, sitzt später viele Jahre in Haft. Dennoch bleibt Jens in dem Mopedkreis. Sie fahren in die Schweiz und stellen manche launenhafte Dummheit an. Zum Beispiel parken sie ihre Maschinen vor einem Supermarkt. Jeder muß etwas herausholen, was dann geteilt wird. Alle haben Angst; hinterher fühlen sie sich »mordsstark«.

Inzwischen wohnt Jens in einer Kleinstadt nicht weit von Düsseldorf entfernt. Um kein Außenseiter zu sein, trinkt er zum erstenmal Alkohol und fängt an zu rauchen. Im Rausch während einer Wochenendfete kommt es zu einer Schlägerei, bei der Jens beinahe einen Kumpel mit dem Messer absticht, der ihn provoziert hat. Während der Woche wendet sich Jens nun zunehmend der Düsseldorfer Altstadt zu.

In dieser Zeit wird seine Schwester in eine christliche Teestube eingeladen. Jens und sein älterer Bruder gehen eines Tages mal aus Neugier mit, nur zur Abrundung ihrer Szene-Erfahrungen. Jens wird angesprochen und auf eine Karnevalsfreizeit eingeladen. Gewöhnlich ödet ihn der Karneval doch nur an, und so fährt er mit. Viele aus der Szene kommen mit.

Ein alter Bibelschullehrer aus dem Hause Tabor leitet das Programm. Am Anfang verstehen nur wenige den strammen, älteren Herrn. Er hat aber eine gute Art, Menschen anzusprechen. An einem Abend behandelt er ohne Tabus das Thema Sünde und nimmt deutliche Beispiele aus dem Leben, das er offensichtlich kennt.

Zum erstenmal wird Jens klar, unter welch einem Gruppendruck, in welcher Unfreiheit er bisher gelebt hat, wie wenig er er selbst war. Jens fühlt sich getroffen. Nach dem Vortrag bleibt er im Saal sitzen. Der Lehrer kommt auf ihn zu. Sie unterhalten sich lange. Danach kniet Jens ohne Aufforderung nieder und betet: »Herr Jesus, komm bitte in mein Leben. Ich will selbständig sein. Ich will mich dem Druck der anderen nicht länger aussetzen, sondern eine eigenständige Person sein. Ich will frei sein und nicht länger das tun, was andere wollen. Komm du in mein Leben.«

Dann bekennt er alle Dinge, die ihn belasten. An erster

Stelle den versuchten Messerstich im Rausch. Jens fühlt sich erleichtert. Voller Freude nimmt er die Vergebung Jesu an. Ein neues Leben kann beginnen. Druck und Angst sind ein großes Stück geschwunden.

Begeistert erzählt er in den nächsten Tagen seiner Mopedgruppe von der Karnevalsfreizeit. Die meisten wundern sich nur.

Nach der zehnten Klasse wechselt Jens auf das Gymnasium. Hier muß sich sein neuer Glaube bewähren. Die Lehrer sind überwiegend links orientiert. Aufruhr und Demos faszinieren auch Jens. Wie läßt sich Gerechtigkeit schaffen? Diese Frage ist auch für ihn wichtig. Maoistische Mitschüler diskutieren mit dem Neuchristen Jens über die Zukunft der Welt. Einmal ohrfeigt er einen Mitschüler, weil der ihm ein lästiges Tafelamt eingebrockt hat. Am folgenden Tag entschuldigt sich der Junge und gibt sich als Christ zu erkennen. Fassungslos stottert Jens: »Eigentlich bin ich das ja auch.« Mit Daniel entsteht eine lange haltende Freundschaft.

Jens will Tierarzt werden. Der Abiturschnitt würde dafür auch ausreichen. Jetzt hat er ein Ziel vor Augen.

Gegen Ende der Schulzeit sondert er sich von seinen Mitschülern ab. Die Feten, das Chaos, das Trinken sagen ihm nichts. Er paßt da einfach nicht hinein.

Inzwischen ist Jens in die Kinderarbeit seiner Gemeinde eingestiegen. Er will etwas tun. Bald schon leitet er die Jungschargruppe mit neun- bis zwölfjährigen Jungen. Dann geht er in die Teestubenarbeit, wohin er auch Mitschüler, Nachbarn und Bekannte einlädt. Auf natürliche Art bekennt er seinen Glauben, lädt zu geselligen Treffs ein. Viele schauen wirklich herein, weil Jens sie neugierig gemacht hat. Selbst Wilfried, sein alter Mopedfreund, kommt einige Male vorbei.

Die Teestube wird von einer älteren Diakonisse geleitet, mit einem Team von jungen Männern und Frauen. Von dieser »Insel« gehen die jungen Leute nach Gebet und Bibellesung in die Altstadt, laden Menschen ein, sprechen mit ihnen auf der Straße, knüpfen auch private Kontakte, besuchen die Angesprochenen zu Hause, versuchen, mit ihnen zusammen deren Probleme anzugehen. Einige junge Ehepaare aus der Teestube nehmen Nichtseßhafte, die Christen geworden sind, Drogenabhängige auf Entzug und aussteigewillige Prostituierte bei sich auf. Jeder Mitarbeiter hat einen Anlaufpunkt, eine Disco, eine Kneipe, einen festen Platz. Das schönste Erlebnis für Jens wird ein Abend, an dem sich drei junge Polizeibeamte bekehren, die eigentlich vorhatten, in der Altstadt »einen drauf zu machen«.

Jens lernt immer mehr, mit sehr schwierigen, komplizierten Menschen zu reden, sie zu verstehen, ihre Sprache zu treffen.

Nach dem Abitur macht Jens Zivildienst am Starnberger See. Dort lebt er in einer christlichen Gemeinschaft zusammen mit nichtchristlichen Zivildienstleistenden, die vom Staat hierher beordert wurden. Jens' geistlicher Horizont erweitert sich. Er staunt, was alles möglich ist. Hier wird eine christliche Gemeinschaft gelebt, die Nichtchristen mit hineinnimmt, ohne sie zu irgend etwas zu zwingen. Am Schluß fühlen sich alle Zivis wohl, auch wenn sich nur sehr wenige dem christlichen Glauben zuwenden.

Das Leben mit den Gästen, das Restaurieren des Schlosses, ja sogar das Tellerwaschen macht in dieser Gemeinschaft Freude. Die Überstunden häufen sich. So hat Jens gegen Ende seiner Zivildienstzeit einige Monate abzubummeln.

Kurz vorher hat er einen Englischlehrer kennengelernt,

der in Istanbul als Missionar arbeitet. Die beiden Männer mögen sich. So geht Jens für drei Monate nach Istanbul, seine erste Begegnung mit der muslimischen Welt. Er lernt Türkisch und fährt mit dem Englischlehrer durch die Türkei. Sie besuchen kleine Versammlungen, Grüppchen oder einzelne Türken, die sich irgendwo in diesem großen Land zu Jesus bekehrt haben. Der Orient und seine Menschen faszinieren Jens. Hier will er Jesus und den Menschen dienen. Auch die türkische Kultur begeistert ihn.

Der Englischlehrer ist für Jens ein neues Vorbild. Er lebt sehr einfach mitten im Armenviertel von Istanbul. Aber auch mit der Gewalt wird Jens hier konfrontiert. Es ist die Zeit nach dem Militärputsch. Plötzliche Schießereien, kleine Straßenschlachten und bewaffnete Überfälle prägen die ersten Monate der türkischen Militärdiktatur. Geduckt gehen die beiden Männer durch die engen Gassen des Armenviertels.

Jens lernt einen alten Schuhmachermeister kennen, der Christ geworden ist. Er lebt weiter bescheiden unter seinen muslimischen Nachbarn und bekennt mutig Jesus als den lebendigen Gott. Jahrelang wird er von vielen Nachbarn geschnitten. Er erhält kaum noch Arbeitsmaterial. Man versucht, ihm die Existenzgrundlage zu entziehen. Langsam erblindet der Alte, magert ab, doch seine Ausstrahlung wächst. Immer mehr Menschen besuchen den alten Schuhmachermeister im Hinterzimmer seiner ärmlichen Werkstatt, wo sie nach dem Sinn des Lebens fragen.

Wenige Gläubige treffen sich allwöchentlich in einer kleinen Kapelle auf dem Gelände der schwedischen Botschaft. Die Kapelle hat zwei Türen, eine zum Botschaftsgelände und eine zur Straße hin. Jens ist beeindruckt von dem mutigen, stillen Glaubensleben trotz so vieler Schwierigkeiten, von dem konsequenten, schlichten Glauben der

Menschen, die manchmal wie der alte Schuhmachermeister vor dem Nichts stehen. Jeder Kontakt zwischen den türkischen Christen muß sehr vorsichtig bedacht sein. Heute gibt es in Istanbul bereits mehrere lebendige Gemeinden und viele kleine Hauskreise. Und falls die europäischen Missionare das Land verlassen müßten, würden die Türken um so ernsthafter weitermachen.

Eines Tages spricht die Lektüre von Jeremia 1,6-9 in Jens' Herz hinein: »Ich aber sprach: Herr, Herr, ich tauge nicht zu predigen; denn ich bin zu jung. Der Herr aber sprach zu ihm: . . . du sollst gehen, wohin ich dich sende, und predigen alles, was ich dir gebiete. Fürchte dich nicht vor ihnen; denn ich bin bei dir und will dich erretten . . . Siehe, ich lege meine Worte in deinen Mund.« Er sieht die Millionen von Türken, Menschen ohne Hoffnung, und weiß plötzlich: »Gott ruft auch mich.« Wie Jeremia fühlt er sich zu jung für den Dienst, aber er merkt ganz deutlich, Gott will auch ihm seine Worte in den Mund legen. Jens ist bereit. Er wünscht sich aber eine theologische Ausbildung.

Sein Vater hat kein Geld dafür, und so geht Jens in die Schweiz, ins Wallis, wo der Vater eines Freundes ein Hotel besitzt. Dort kann er arbeiten und Geld verdienen. Schneeschippen, Teller waschen mit asiatischen Asylbewerbern – Akkordarbeit, Schweiz von unten.

Die Gemeindeschwester des Ortes wird auf Jens aufmerksam, spricht ihn im gebrochenen Deutsch an und ermutigt ihn. Diese fast sechzigjährige Frau nimmt Jens mit in ihre Gemeinde. Sie ist eine einfache Witwe, die ganz schlicht ihr Christsein lebt, Touristen anspricht, sie einlädt. Jens ist von ihr fasziniert.

Dann nimmt er sich in Lörrach ein Zimmer und fährt zum Studieren nach Basel hinüber. Schon bald empfindet er das Studium als problematisch. Viele Studenten sind mit der sehr autoritären Haltung des Direktors unzufrieden. Viele Fragen der Studenten werden immer wieder mit einem angeblich sozialistischen Geist in Verbindung gebracht. Studenten sehen sich zwangsweise exmatrikuliert. Jede Resolution wird abgewürgt. Ohne direkten Anlaß verwarnt man auch Jens. Er fühlt sich zunehmend unwohl und geht schließlich.

Die Baseler Erlebnisse haben einige Fragezeichen hinter Glaube und Kirche gesetzt. Jens muß sich in der Ausbildung und im Glauben neu orientieren.

Mit einem Freund und ehemaligen Kommilitonen reist er für drei Wochen nach Italien, um Klarheit zu bekommen. Was wollen wir in unserem weiteren Leben tun? Nach der Fahrt entscheidet sich der Freund: »Ich höre mit allem Christlichen auf und studiere Forstwirtschaft.« Jens sagt: »Ich will mir eine Ausbildungsstätte suchen, die praktisch orientiert ist, und in einer christlichen Gemeinschaft leben. Ich will jetzt erst recht ganz mit Jesus leben.«

In Zürich nimmt Jens Kontakt zu einer Bibelschule auf. Über einen alten Pastor, der Jens' Situation versteht und ihm sehr einfühlsam zuhört. Er macht ihm klar: »Du mußt nicht akademisch glänzen, um in Gottes Reich etwas tun zu können.«

So geht Jens innerlich befreit auf eine kleine Bibelschule nach Fritzlar bei Kassel, wo er in einer herzlichen Atmosphäre aufgenommen wird. Hier zählen keine theologischen Strömungen, sondern nur die Liebe zu Jesus. Jens fühlt sich in dieser verbindlichen Gemeinschaft bald zu Hause. Er teilt sein Zimmer mit einem jungen Libanesen, erforscht den Koran, lernt Arabisch, verfolgt die Schrecken des Bürgerkrieges von Beirut. Die orientalische Mentalität seines Zimmergenossen spricht ihn an. Er denkt an Istanbul und an sein Versprechen, das er Gott gegeben hat.

Sein erstes Praktikum findet in Braunschweig statt. Offene Arbeit unter Studenten. Für Jens ist das eine gute Herausforderung nach den negativen Erfahrungen in Basel. Er bekommt Kontakt zu einem Pastorenehepaar, bei dem zu diesem Zeitpunkt auch eine libanesische Frau lebt – Jasmin, die er auch schon in Fritzlar gesehen hat.

Liebe mit Hindernissen

Beide, Jens und Jasmin, sind sich von Anfang an aller Schwierigkeiten bewußt. Zwei verschiedene Kulturen, ein Mädchen ohne ihre Familie, Lebenserfahrungen grundverschiedener Art. Aber auch zwei Menschen, deren zentrale Lebensgrundlage dieselbe ist: die Nachfolge Jesu.

Jasmin ist sehr vorsichtig, sie gibt sich beinahe distanziert. Sie will abwarten, will auch ihre Familie nicht übergehen. Gespräche sind zunächst das Maximum der Annäherung. Dennoch ist Jens von ihrem offenen Lächeln, ihrer Natürlichkeit und Schönheit und der geheimnisvoll fremden Art fasziniert.

Jasmin will nicht in Deutschland bleiben. Sie will zurück nach Beirut. Ihre Aufgabe sieht sie dort unter den Kriegskindern ihrer Heimatstadt. Könnte und wollte Jens ihr dorthin folgen?

Jens weiß: Dort ist Jasmin verwurzelt, da hätte sie stets ein Heimspiel. Könnte seine Liebe das tragen? Würde das nicht gerade seinem Drang, seinem inneren Ruf entsprechen, in den Orient zu gehen?

Jens spricht den Braunschweiger Pflegevater an, der Jasmin nun schon genauer kennt. Schließlich offenbart er auch seiner Liebsten seine Gefühle und Absichten.

Sie freut sich. Aber wie zum Schutz antwortet sie scheinbar überlegen: »Gut, wir beide wollen Freunde sein. Wir wollen zusammen beten, und wir wollen weitersehen.«

Jasmin schreibt den Eltern, daß es einen jungen Mann in ihrem Leben gibt.

Sie solle bald nach Hause kommen, antwortet der Vater, und alles mit ihm und dem Gemeindepastor besprechen.

Nach zwei Jahren betritt Jasmin wieder libanesischen Boden. Ihre Freude und die der Eltern ist riesengroß.

Jasmin erzählt von ihrer Liebe zu Jens. Die Eltern freuen sich, daß Jens ein gläubiger Mann ist. Außerdem respektieren sie die Gefühle ihrer Tochter. Auch der Gemeindepastor ist einverstanden.

Als sie nach Braunschweig zurückkehrt, kann sie mit frohem Herzen Jens bei der Hand nehmen und mit ihm durch den Wald spazieren. Sie strahlen sich gegenseitig an, machen viele Pläne und freuen sich aneinander. Intimere Küsse sind vor der Hochzeit nicht drin. Schließlich ist Jasmin nicht nur eine christliche, sondern auch eine orientalische Frau. Jasmin ist glücklich, einen Mann gefunden zu haben, der sie ernst nimmt, sie respektiert und liebt.

Jasmins Vater schreibt an den Braunschweiger Pastor, er möge an seiner Statt alles in die Wege leiten. Jasmin und Jens wollen sich zu Hause bei Jens' Eltern verloben, die Jasmin bisher noch nie gesehen haben.

Auf einmal steht da eine schwarzhaarige, brünette Frau in der Tür, von der die Eltern nur wissen, daß ihr Sohn sie liebt und heiraten will. Der Großvater bekommt den Mund nicht mehr zu. Auch die Eltern sind sprachlos, unbeholfen. Sie bleiben zurückhaltend, obwohl Jasmin offen, natürlich, ja herzlich auf die angehenden Schwiegereltern zugeht. Diese jedoch bemühen Freunde, Glaubensbrüder und so manche Stelle in der Bibel, um den Sohn von diesem endgültigen Schritt abzuhalten. Vergeblich!

Eine Araberin und dann noch aus einer ganz anderen kirchlichen Tradition – das scheint zuviel zu sein. Dabei sind die Eltern doch offener geworden, wie Jens aus manchen Briefen der Geschwister entnehmen konnte. Sie haben diskutieren und Dinge aussprechen gelernt. Aber jetzt?

Jasmin bleibt gegenüber der neuen Mutter ruhig, offen, freundlich und hilfsbereit. Irgendwie schafft sie es, über die ängstliche Enge dieser Menschen hinwegzugehen. Sie fragt einfühlsam nach und erzählt bescheiden aus ihrem Leben. Ihre Offenheit und Direktheit läßt schließlich alle Vorbehalte schmelzen.

Plötzlich steht das Fremde nicht mehr zwischen ihnen. Die Eltern können auf den Sohn und die Schwiegertochter zugehen. Die Fragen nach Unterschieden zwischen ihren Kirchen sind ebenso vom Tisch wie die Unsicherheit im Umgang mit einer fremden Kultur.

Jasmin hatte Umgang mit den unterschiedlichsten Leuten: mit muslimischen Nachbarn, reichen Maroniten, katholischen Schwestern, evangelischen Christen, extremistischen Schiiten. Sie ist in einfachsten Verhältnissen aufgewachsen, ihr Vater war Hausmeister und Diener in einem Luxushaus. Somit hat sie von Kindesbeinen an gelernt, mit grundverschiedenen Menschen umzugehen. Sie findet auch für die Schwiegereltern die richtigen Worte und eröffnet ihnen die Möglichkeit, sie lieb zu gewinnen.

Jens beendet seine Bibelschulausbildung. Standesamtlich wollen sie in Deutschland und kirchlich im Libanon heiraten, am 1. Januar 1984. Dann wird Jens zum erstenmal das Land besuchen. Jasmin muß ihm wieder und wieder erzählen: von den neuen Verwandten, der Gemeinde, dem Land, dem Krieg.

Hochzeit in Beirut

Im Januar 1984 wird Jens auf dem zerschossenen Beiruter Flughafen von so vielen Verwandten geküßt, daß er völlig benommen sogar den Taxifahrer küßt. Die Straßen wirken dunkel und bedrohlich. Zwei Stunden nach ihrer Ankunft explodiert vor ihnen eine Autobombe. Staub, Chaos, heulende Männer. Frauen laufen schreiend über die Straße. Dann rennen alle in ihre Häuser.

Die Nacht vor der Hochzeit wird durch immer neues Granat- und Gewehrfeuer gestört. Zweihundertvierzig-Millimeter-Granaten werden abgefeuert. Jens liegt in seinem Zimmer ohne Fenster. Ein Verwandter von Jasmin beruhigt ihn lakonisch mit den Worten: »Das kommt hier nicht rein. Die schießen immer so.«

Nach dem Rückzug der Israelis haben Amerikaner, Franzosen, Engländer und Italiener Truppenkontingente nach Beirut entsandt, deren Abzug durch eine Vielzahl von Überfällen gerade erzwungen wurde. Weder die GIs noch die Europäer hatten die geringste Ahnung von der wirklichen Lage im Land.

Die Aufnahme durch die Gemeinde am folgenden Tag ist sehr herzlich, auch wenn bei dieser Kriegshochzeit alles sehr schnell gehen muß. Nach einem kurzen Gottesdienst flüchten alle wieder in ihre Häuser. Nur Jasmins Familie und der Pastor bleiben zurück.

Die neue Familie versucht sich als vornehmer darzustellen, als sie es ist, damit der neue Schwiegersohn sie akzeptiert. Als Jens ihnen zu verstehen gibt, daß er mit dem Einfachsten zufrieden ist, wird er um so herzlicher aufgenommen. Die andere Hautfarbe und der fremde Paß stellen kein Problem dar. Die Eltern freuen sich über den neuen Schwiegersohn.

Die tagelange Gastfreundschaft der Großsippe ist überwältigend. Jens fühlt sich rundherum wohl. Die Sorgen der Familie kennt er aus der Bibelschulzeit von dem libanesischen Bettnachbarn, der jede Nacht voller Bangen Radio Kuwait oder ähnliche Sender abhörte, um zu erfahren, wo die einzelnen Kämpfe stattfanden und welche Straße gerade bombardiert oder bedroht wurde. Hier hat Jens eine Basis für Gespräche mit Jasmins Familie gefunden.

Die Flitterwochen finden in Theopolis, dem schöngelegenen christlichen Dorf in den Bergen statt, wo Jasmin als Mädchen im Camp mitgearbeitet hat. Das Haus ist durch den Krieg in Mitleidenschaft gezogen, jedoch noch bewohnbar. In Beirut schlagen immer noch – bisweilen jede Minute – Granaten und Raketen ein. Die Idylle hier oben kann trügen. Flitterwochen in der Nachbarschaft des Todes.

Der Libanon ist ein wunderschönes Land

Von den Bergen aus sieht das junge Flitterpaar, wie israelische Bomber die Palästinenserlager von Beirut bombardieren, und nicht nur sie. Sollte man nicht mit den Muslimen, mit den Arabern überhaupt aufräumen, wenn man schon einmal da war? werden sie sich gedacht haben.

Trotzdem erleben Jasmin und Jens hier eine sehr schöne Zeit.

Nach den Wochen in den Bergen arbeiten beide noch einige Zeit in der Beiruter Gemeinde mit. Jens beginnt Jugendstunden zu halten. Die arabischen Jugendlichen wollen Englisch sprechen, bloß nicht länger Arabisch. Das ist für sie die Sprache der Minderwertigen, der Muslime. Welch ein Irrtum! Der Westen als große Hoffnung. »Wir sind Libanesen! Keine Araber, sondern Phönizier«, tönen die Jugendlichen.

Jens spricht lieber Arabisch, weil diese Menschen doch Araber sind. Jesus kann ihnen ihre Würde und ihr Selbstbewußtsein zurückgeben. Das werden sie nicht durch die Übernahme einer fremden, momentan erfolgreicheren Kultur finden. Die europäische Kultur kann ihnen keine neue Identität geben, zumal die Fassade der französisch verfeinerten Lebensweise von Beirut während der Kriegsjahre erbärmlich zusammengebrochen ist. Hier haben sie erlebt, daß Maroniten gegen Maroniten, Muslime gegen Muslime kämpfen. Frankreich, die selbsternannte Mandats- und Schutzmacht, hat sie im Stich gelassen. Amerika hat sich Syrien zugewandt. Israel vertritt einen eigenen Großmachtanspruch. Die rassistischen Töne der christlichen Milizen haben sich als menschenverachtende Ideologien entlarvt.

Junge Leute begrüßen Jens bei Schulvorträgen mit »Heil Hitler«, was sie durchaus anerkennend verstehen.

Zuerst einmal muß Jens erklären, daß er den ausgestreckten Arm seiner Zuhörer nicht positiv einordnen kann. Sicher, in einem Land so groß wie Hessen, in dem sich alle Nahost-Konflikte in Stellvertreter-Kriegen widerspiegeln, ist es schwer, eine eigene Identität zu bewahren oder zu finden. Hinzu kommt, daß der Libanon den Hauptumschlagplatz für Drogen aller Art darstellt. Jeder weiß, daß alle, auch der Westen, mitverdienen, statt diesen Handel zu unterbinden. Vieles ist hier gegen jede Logik. Alle Werte stehen zur Disposition. Die harten Drogen gehen weiterhin über Türkisch-Zypern nach Westeuropa, ein Milliardengeschäft, ebenso wie die Waffen der kroatischen Bürgerkriegsarmee zum Teil aus dem Libanon stammen. Auch Saddam Husseins Baath-Partei wurde hier gefördert. Trotzdem fällt es Jens nicht schwer, unvoreingenommen und liebevoll auf die verbitterten Jugendlichen zuzugehen.

Mit Russen und Assyrern in der Lüneburger Heide

Dann fahren Jens und Jasmin zurück nach Deutschland. Zu ihren Nachmittagen in der Nähe von Winsen an der Luhe kommen Menschen aus den verschiedensten Völkern: Deutsche, Russen, Armenier, Assyrer. Die Gemeinde ist mit der plötzlich entstandenen bunten Mischung hoffnungslos überfordert. Zu Weihnachten werden alle sechzig Kinder der Gemeinde vorgestellt. Nach anfänglichen Unsicherheiten wird tüchtig gefeiert.

Ob bei Aldi oder Penny – Fremde in Deutschland können Jasmin auf Arabisch, Englisch oder Französisch ansprechen. Kontakte entstehen zu Eltern und Kindern. Hausbesuche folgen. Ein Gespräch baut auf dem anderen auf. Viele Ausländer, selbst ohne Halt und Lebensperspektive in Deutschland, schicken ihre Kinder bewußt in die christliche Kinderarbeit zu Jasmin und Jens.

Eine beständige Gruppe entsteht, zu der die Kinder nicht nur kommen, um etwas zu essen oder Geschenke abzuholen. In den Ferien werden Kinderwochen und gemeinsame Freizeiten veranstaltet. Hier erleben die Kinder aller Nationen die verschiedenen Kulturen als Reichtum. Die anderen sind nicht dumm, faul, minderwertig, wie sie das von vielen Erwachsenen hören.

In der Nähe von Winsen mieten Jasmin und Jens ein altes Bauernhaus, beherbergen dort viele Gäste und haben ein offenes Haus zum Glauben und Leben. Weiterhin kümmern sie sich besonders um die Kinder aus der Nachbarschaft, wobei ihnen ihre Erfahrungen aus Teestubenarbeit und Kinderbetreuung, Pfadfinder- und Studentenarbeit zugute kommen. In großer Einmütigkeit leben sie recht unbürgerlich. Sie schaffen sich nichts Großes an. Das abgeschottete »My home is my castle« gibt es für sie nicht.

Diese Dinge haben sie bereits in der Verlobungszeit geklärt. »Ich kann dir keinen Luxus bieten«, hat Jens Jasmin gestanden. Beide sind sich darin einig: Zeit, Arbeit und Geld sollen als Gottes Leihgabe verstanden und dementsprechend eingesetzt werden. Sie leben vom Existenzminimum und sind trotzdem fröhlich. Materielle Einschränkungen bedrücken sie nie, sie fühlen sich darin eher frei für Wichtigeres. Sie freuen sich über den regelmäßigen elektrischen Strom wie über das fließende Wasser. Schließlich ist dies den Menschen im Libanon auch nicht selbstverständlich.

Das Zedernheim

Im Mai 1986 erhalten Jasmin und Jens einen Ruf nach Beirut, zwei Jahre nach ihrer Hochzeit.

Menschen schreiben Jasmin: »Du hast versprochen, zurückzukommen. Du hast hier eine Aufgabe.« Sie und ihr Mann fühlen sich deutlich durch den Ruf und die Liebe für die arabisch-muslimische Welt angesprochen. Als Ehepaar wollen sie zurückgehen und in einem Kriegswaisenhaus arbeiten. Außerdem sollen sie in einem kleinen Stadtteil eine neue Gemeinde gründen.

Jasmin wird keine Schwierigkeiten haben, mit Muslimen über den Glauben zu sprechen. Seit sie auf der deutschen Bibelschule war, weiß sie, was Muslime glauben. (Zum erstenmal hatte sie davon als Kind auf der christlichen Missionsschule in Beirut gehört. Die Staatsschulen des Libanon klammerten alle religiösen Themen aus. Der Unterrichtsstoff sollte konfliktfrei sein. Jasmin hatte von Kindheit an Kontakt zu Muslimen, sie sind im Elternhaus ein- und ausgegangen. Aber was sie glauben, erfuhr Jasmin erst auf der deutschen Bibelschule. Sie wußte, was »läuft«, aber erst seitdem weiß sie, warum es so läuft.)

Sie sind wieder in Beirut. Jasmin übernimmt die Kinder- und Jens die Jugendarbeit, der alte Gemeindepastor die Gottesdienste. Viele Einzelheiten sind mit ihm zu regeln, mit denen Jens nicht vertraut ist: das Verhältnis der Geschlechter im Orient, Eltern-Kind-Beziehungen . . . Vieles ist anders als in Europa. Jens muß lernen, wie Konflikte hier entstehen und wie sie gelöst werden können.

Ein Beispiel: Ein junges Mädchen, das Christin geworden ist, Halbwaise, soll mit vierzehn Jahren von der Mutter verheiratet werden. Die Gemeinde ermöglicht dem Mädchen die Flucht. Zuerst muß das Mädchen einen sicheren

Ort finden, wo sie in Ruhe überlegen kann, ob sie nun mit vierzehn Jahren heiraten oder einen anderen Weg gehen will. Sie muß Zeit haben, um einen eigenen Weg zu finden. Die Gemeinde bezahlt ihr eine Ausbildung, die es ihr erlaubt, ihr Leben selbst in die Hand zu nehmen.

Ein anderer Konflikt: Junge Männer kommen ins heiratsfähige Alter und sehen keine Chance, ein Mädchen zu bekommen, weil sie keine wirtschaftliche Grundlage für einen eigenen Hausstand haben.

Umgekehrt können viele junge Frauen keinen Mann finden, weil die meisten im Bürgerkrieg ermordet wurden. Sie müssen im Gegensatz zu ihren Müttern einen Beruf lernen und für sich selber sorgen.

Schon bald übernehmen Jasmin und Jens die Leitung eines Mädchenheims der Gemeinde. Es ist ein Heim für Kriegswaisen aller Religionen, Völker und Kriegsparteien. Eine Cousine von Jasmin ist hier aufgewachsen.

Ihr langjähriger Vorgänger in der Leitung des Heimes ist Witwer geworden und kann das Mädchenheim nicht länger leiten.

Die familiären Verhältnisse der Kinder sind zum Teil völlig ungeklärt. Vielfach wurden die Eltern vor den Augen der Mädchen verschleppt, ermordet oder mußten fliehen – nach Griechenland oder Tunis, keiner weiß wohin. Den Palästinenserkindern, deren Eltern weder Heimat noch einen offiziellen Status besitzen, geht es in der Regel am schlechtesten. Sie haben das größte Elend erlebt, soweit man das ermessen kann.

Bei der Heimaufnahme spielt allein die Hilfsbedürftigkeit eine Rolle. Ob die Kinder aus einem christlich-palästinensischen, einem muslimischen, schiitisch-libanesischen oder libanesisch-maronitischen Hintergrund kommen, ist egal. Häufig ist die rechtliche Situation verworren.

Wenn zum Beispiel auf einmal doch noch ein Großvater auftaucht und seine Ansprüche geltend macht, muß das Heimkind herausgegeben werden. Häufiger tritt jedoch der Fall ein, daß die Großeltern oder der Onkel froh sind, ihren Enkel oder Neffen so gut und relativ sicher untergebracht zu wissen.

Bei vielen Kindern läßt sich die Herkunft nicht mehr klären. Sie lagen auf der Straße in einem gemischt bevölkerten, umkämpften Wohnviertel, sie waren verstört, viele hatten sich monatelang herumgetrieben. Wer sollte da entscheiden, ob die ermordeten oder geflohenen Eltern Christen oder Muslime waren? Viele Kinder schliefen, als ihre Eltern von einer gegnerischen Miliz verschleppt oder umgebracht wurden. Andere mußten mitansehen, wie die Eltern an Seilen hinter Jeeps hergezogen und unter dem Beifall der jeweils anderen Seite zerfetzt wurden.

Niemand hat die Mütter gezählt, die beim Einkauf einem Heckenschützen zum Opfer fielen, der nach Stückzahl bezahlt wird, egal ob sein Opfer ein Kreuz oder einen Halbmond um den Hals trägt. Und gleichgültig, ob ein Koranvers oder ein Kruzifix an der Kalaschnikow des Mörders klebt.

Mit diesen Erlebnissen vor Augen ringen die Kinder, für die Jens und Jasmin nun sorgen, um eine neue Identität. Wer bin ich noch? Wer liebt mich noch? Wer sorgt für mich? Wer ist meine Familie? Wo kann ich hingehen?

Jens und Jasmin versuchen, mit den zwanzig- bis fünfundzwanzig Heimkindern ein Familienleben aufzubauen. In dieser neuen Familie gibt es keine »dreckigen Palästinenser« und »sauberen Maroniten«. Jeder ist gleich angenommen, geliebt und umsorgt.

Kleine Mädchen trägt Jens auf dem Arm spazieren und wiegt sie stundenlang in den Schlaf. Größere Mädchen weinen sich bei Jasmin aus, spielen mit ihr, lernen von ihr. Manche Kinder kommen aus einer traumatischen Situation und werden jede Nacht von Alpträumen verfolgt. Andere sind selbstmordgefährdet oder so hoffnungslos, daß sie nur in einer kriminellen Laufbahn einen Ausweg suchen.

Jens und Jasmin sind als Hauseltern Tag und Nacht gefragt, ob nun der hauseigene Bus gerade bombardiert wird oder ein Mädchen sich die Pulsadern aufschneiden will, ob es um Windeln oder Mittagessen geht. Für die Kinder ist es der erste Schritt heraus aus der Hoffnungslosigkeit, wenn sie begreifen: »Alles hier gehört uns. Hier sind wir zu Hause. Das kann man uns nicht wegnehmen. Ich muß nicht gleich wieder weggehen, fliehen, mich verstecken. Das hier ist mein Bett. Mein Schrank. Ich muß ihn pflegen, muß ihn sauberhalten. Er gehört mir.«

Viele Kinder werden in der Schule diskriminiert oder von den Lehrern oft geschlagen oder mißhandelt, was im Libanon an der Tagesordnung ist.

Häufig begleitet Jens daher die Kinder in die Schule, redet mit den Lehrern, die teilweise von einem erschütternden Haß gerade gegenüber Palästinenserkindern geprägt sind. Für die einzelnen Kinder steht die Welt kopf: »Einer schützt mich. Er beschwert sich für mich. Er bringt sogar den Direktor dazu, sich für die Mißhandlungen bei mir zu entschuldigen.«

Sehr langsam begreifen die Kinder: »Wir sind etwas wert.«

Immer wieder muß Jens die Lehrer bitten, ihn im Konfliktfall anzurufen und ein Kind nicht gleich zu schlagen. Jeder Schlag ins Gesicht ruft ganze Filme dramatischer Erlebnisse aus ihrem kurzen Leben in Erinnerung. Natürlich sind viele Mädchen, nachdem sie sich häufig monatelang, oft jahrelang selbst überlassen waren, verwahrlost und ohne Halt. In allen Lebensbereichen müssen Jens und Jasmin bei Null beginnen. Hygiene, regelmäßige Schularbeiten, das Einhalten von Absprachen. Aber vor allem wollen sie jedem Mädchen die Erfahrung vermitteln: »Ich bin auch etwas wert. Ich bin geliebt. Auch ich habe etwas zu sagen. Ich darf leben.«

Nach dem Zusammenbruch des staatlichen Schulsystems sammelt die Gemeinde Geld, um alle Heimkinder auf Privatschulen schicken zu können. Ihr bisher so unregelmäßiges Leben darf keinen neuen Einbruch erfahren. Jedem Mädchen wird das Angebot gemacht: »Du kannst alles lernen. Du kannst sogar studieren, wenn du nur willst. Du bist nicht der letzte Dreck.«

Abends erzählt Jasmin den Kindern von einem Vater im Himmel, der keine Gedanken des Leidens, sondern des Friedens für sie hat. Sie erzählt von dem Vater Jesu, ihrem gemeinsamen Vater. Vielen Kindern wird dabei zum erstenmal deutlich: »Ich bin nicht allein. Ich bin geliebt und bin wertvoll, weil ich Gottes Kind bin. Ich bin gewollt.« Welcher Therapeut könnte ein größeres Angebot machen?

Die Schwierigkeiten mit den Teenagern sind trotzdem riesengroß. Besonders die palästinensischen Mädchen haben erfahren, daß sie Mädchen ohne Ruf, ohne Ehre, ohne Chancen sind. »Die anderen Mädchen sind geachtet – ich nicht.« Dieses Denken führt zu massiven Verhaltensauffälligkeiten. Einige der Teenager fangen an, Kleinere zu schlagen. Manchmal sind Jens und Jasmin völlig hilflos, wissen nicht, wie sie reagieren sollen. Wie geht es weiter, wenn ein Mädchen Tabletten nimmt oder anfängt, Putzmittel zu schlucken? Was tun, wenn sich ein anderes Mädchen dem Prostituiertenmilieu anschließt?

Ein Mädchen müssen sie gehen lassen, um die anderen

nicht zu gefährden. Bedrückt sitzt Jens der Großmutter in einem Flüchtlingslager gegenüber, zwischen alten Teppichen und stinkendem Hausmüll, und macht ihr klar: »Wir können die Verantwortung für Ihre Enkelin nicht länger übernehmen. Es ist der dritte Selbstmordversuch, wir sind selbst am Ende.«

Ein anderes Mädchen, Bassima, knapp siebzehn Jahre alt und sehr kräftig gebaut, schlägt eines Tages Jasmin zusammen. Eine Schlägerei aus heiterem Himmel. Als Jens das Haus betritt, liegt seine Frau auf dem Boden. Ein an sich liebes Mädchen ist durchgedreht. Wird sich dieser Vorfall wiederholen? Seine Frau hätte sterben können, wenn er nicht rechtzeitig gekommen wäre. Er bringt Bassima zurück ins Lager.

Aber die Mehrheit der Kinder spricht auf die friedvolle Atmosphäre im Kinderheim an. Die Hauseltern achten auf Gemütlichkeit und Privatsphäre. »Das hier gehört dir. Da darf keiner ran.« Das hören wohl die meisten Kinder zum erstenmal. Jeden Nachmittag spannen sie ein Volleyballnetz im Garten auf und spielen. Sie laden andere Gruppen ein, um zu zeigen: »Wir können auch etwas, manchmal können wir sogar etwas besser als andere.«

Als christliche Familie halten die Mädchen jeden Abend eine gemeinsame Andacht, singen mit viel Bewegung, lesen in der Bibel und diskutieren miteinander. Alle machen mit und alle haben Rederecht. Die Kleinen sollen nicht länger warten als die Großen. Sie sind keine Diener der Großen. Sie sind Geschwister und haben *einen* Vater. Sie sind geliebt und gewollt.

Wenn Jasmin krank ist, muß Jens die Mädchen alleine betreuen. Da diese Situation mehrfach eintritt, werden ihm für bestimmte Zeiten eine Köchin und eine Studentin als Schularbeitenhilfe zur Seite gestellt.

Läuse und Wanzen haben alle Mädchen, denn einige Kinder kommen immer wieder mit den mehr oder weniger entfernten Verwandten aus den Flüchtlingslagern in Berührung. Wenn sie dann nach etwa einer Woche ins Heim zurückkehren, beginnt die Hygiene-Erziehung wieder bei Null. Infektionskrankheiten wie Paratyphus kommen dazu. Das Wasserversorgungssystem in Beirut ist schon vor Jahren zusammengebrochen. Es gibt nur stundenweise Wasser, das heißt die Wasserleitungen werden leer, laufen mit Abwasser voll, das bei der nächsten Zuteilung dann wieder den Verbraucher erreicht. Fäkalien und Trinkwasser sind dadurch vermischt. Im Reiseführer des letzten Vorkriegsjahres war über Beirut noch zu lesen: »Das Wasser von Beirut hat Trinkwasserqualität.« Lang ist das her.

Ein halbes Jahr, nachdem Jasmin und Jens die Leitung des Zedernheims übernommen haben, äußern zum erstenmal Mädchen ihren Glauben an Jesus Christus. Diese Mädchen werden in vielem eine Stütze für Jasmin und Jens. Sie machen sonntags die Kleineren fertig, ziehen sie hübsch an, nehmen sie bei der Hand mit in den Gottesdienst. Die Größeren gehen zu Jens in die Jugendstunde der Gemeinde. Andere Gemeindegruppen kommen zu Besuch. Dann sind die Mädchen des Zedernheims die Hausfrauen. Sie bewirten die anderen. Sie bestimmen, wie die Zeit mit den Gästen gestaltet wird. Sie haben etwas zu bieten und können etwas für die anderen tun. Ein neues Selbstverständnis und Selbstbewußtsein wächst. Trotzdem holen die schrecklichen Erlebnisse der Vergangenheit sie immer wieder ein. Jens träumt von einem arabisch-sprechenden christlichen Therapeuten, der die Seelen der Kinder versteht.

Jens fällt die erste Zeit im Kinderheim schwer. Er versteht nicht jedes arabische Wort, nicht jeden Konfliktfall, nicht jeden Zank, nicht jeden Gefühlsausbruch der Mädchen. Jasmin und Jens erwarten ein Baby. Sie haben keine richtige Wohnung. Das Kinderheim platzt aus allen Nähten. Im ersten Jahr müssen sie fünfmal innerhalb Beiruts die Bleibe wechseln. Immer wieder werden sie beschossen. Nach einem Jahr erhalten sie ein Häuschen in Plattenbauweise, Zement mit Asbest, neben dem Kinderheim. Zwei Zimmer, eine Küche, eine Toilette. Bis dahin haben sie jahrelang nur aus dem Koffer gelebt. Beide besitzen nur ein paar Kleidungsstücke und wenige Bücher.

Zu Anfang war es besonders schwer, sich gegenüber den älteren Mädchen durchzusetzen, ihnen klarzumachen, daß das Wort der Heimeltern galt. Wie sollte man Sechzehnjährigen Ordnung und Sauberkeit beibringen, die bis dahin nur Chaos, Zerstörung und Dreck erlebt hatten? Wie sollte man Menschen Liebe predigen, deren Leben von Gewalt und Sündenbock-Denken geprägt ist. Schuld sind immer die anderen: christliche Ausbeuter, palästinensische Terroristen, dreckige Muslime.

Jasmin betet um Vollmacht, das Neue Testament auch ganz leben zu können. Aber als ihr erster Sohn Nabil etwas älter wird, ist er eifersüchtig auf die Heimkinder. »So kann es nicht mehr weitergehen«, denkt Jasmin manches Mal. »Wir schaffen das nicht mehr.«

Die Kinder brauchen jetzt auf allen Wegen Geleitschutz. Jasmin will den Führerschein machen. Ihr Mann ist ihr bester Lehrer. Der libanesische Fahrlehrer hat nur einen alten Jeep ohne Spiegel. Er verkauft ihr den Führerschein. Lernen muß sie woanders. Die Theorie bringt sie sich selber bei, die Praxis lernt sie von ihrem Mann. Immer wieder fährt sie Mädchen zum Krankenhaus oder in die Ambulanz, kauft ein, klärt Schulangelegenheiten. Es ist gut, daß das jetzt nicht mehr alles auf Jens allein lastet. Schon mehrfach ist er im Auto verfolgt worden. Die Entführungsabsichten seiner Verfolger waren eindeutig.

Eines Tages ruft die Deutsche Botschaft an. »Herr L., Sie sind in Gefahr. Sie sind der letzte Deutsche in Beirut. Die Schiiten-Milizen suchen gerade einen Deutschen, den sie entführen können, solange noch arabische Gewalttäter in deutschen Gefängnissen leben.« Im Vertrauen auf Gott arbeitet Jens trotzdem weiter.

Der Krieg wird jeden Tag schlimmer. Daß sich jemand mit der gezogenen Pistole die Vorfahrt erkämpft, gehört zum Alltag. »Fahr an die Seite, oder ich schieße!« Jasmin muß sich noch zu sehr auf den Verkehr konzentrieren, als daß sie darauf achten könnte, ob aus einem Seitenfenster neben ihr eine Pistole herausschaut. Die Mädchen im Auto nehmen ihr das ab: »Tante Jasmin, fahr rechts ran!«

Straße vom Flughafen in die Beiruter Innenstadt (»Killer Road«) mit Propaganda für die Ajatollahs. Sie führt an den Palästinenser- und Hisbollah-Lagern vorbei. Hier wurden die westlichen Geiseln entführt.

Um diese Zeit gibt es in Beirut tausend Verletzte in zwei Stunden. Hunderte von Autos stehen in Flammen. Menschen schreien: »Herr, hilf uns!«

Einer der beiden Busse des Zedernheims wird zerstört, die Kinder selbst bleiben unversehrt.

Eine Gemeinde in Detroit stiftet einen neuen Bus. Gemeindemitglieder in Beirut verkaufen ihr Auto oder ihr Haus, um das Überleben des Kinderheims für einige Wochen zu sichern.

Bei einem Überfall zerstören linksgerichtete Milizionäre einen Großteil des Heims. Sie nehmen den Kindern sogar das Essen fort, die Kleider, die Möbel. Es bleiben jedoch alle am Leben. Nach zehn Tagen Terror durch diese Miliz bombardieren schließlich libanesische Flugzeuge das Flüchtlingslager, wo die Angreifer herkommen. Die Mädchen werden evakuiert. Die Familie des Pastors stellt ihr Haus den Waisenkindern zur Verfügung.

Zeitweise leben nun vierundzwanzig Mädchen in einem Raum. Alle anderen Räume sind unsicher oder von Bomben zerstört. Welche Rolle spielt jetzt noch die Denomination, die Nationalität dieser Mädchen? Hier sitzen Irakerinnen, Libanesinnen, Syrerinnen, Ägypterinnen, Jordanierinnen, Christinnen, Orthodoxe, Katholiken beisammen, beten, versuchen zu vergessen.

Ein vierzehnjähriges Mädchen scheint ständig »unter Strom« zu stehen. Sie beschimpft jeden, schlägt um sich, fühlt sich ausgestoßen. Nach monatelangen abendlichen Gesprächen sagt sie: »Ich möchte wieder wie acht sein. Ich kann nicht so leben wie jetzt.« Wieder und wieder zeigen Jasmin und Jens ihr: »Wir lieben dich. Gott liebt dich. Wir spielen mit dir, auch wenn keiner sonst es tut. Wir stehen dir zur Seite, auch wenn deine Freundinnen weglaufen.« Nach vielen Monaten lernt das Mädchen, sich selbst anzunehmen – eine Vierzehnjährige mit einer mörderischen Vergangenheit.

Ein anderes Mädchen, fünf Jahre alt, wurde von Milizionären mißbraucht. Nachts schreit sie, auf der Straße sieht sie überall Soldaten und Milizionäre. Wo ist hier anzusetzen? Jasmin und Jens versuchen, ihr so viele schöne Erlebnisse und Überraschungen zu vermitteln, wie irgend möglich. Eine Gegenwelt muß aufgebaut werden für eine Fünfjährige, die seit über einem Jahr nicht mehr gelacht hat. Sie muß vergessen lernen. Aber irgendwann müssen die bedrückenden Erlebnisse verarbeitet werden. Erst nach mehr als einem Jahr fängt sie an zu erzählen, zu spielen, im Zimmer herumzuhüpfen und zu springen.

Die weiteren Wege der Mädchen, wenn sie das Heim verlassen, sind sehr unterschiedlich. Wesentliche Entscheidungen kann man ihnen dann nicht mehr abnehmen. Manche Mädchen halten auch als Erwachsene weiter den Kontakt zum Heim und zur Gemeinde.

Bassima, die Jasmin einmal so geschlagen hat, arbeitet später im Haushalt des alten Gemeindepastors. Sie liebt Jasmin und Jens am meisten von allen ehemaligen Heimkindern.

Die zwölfjährige Montaha ist seit einem Jahr im Heim. Ihre Eltern konnten sie nicht mehr versorgen. Sie hat neun Geschwister. Eine Schwester lebt mit ihr im Waisenhaus. Zuerst hatte sie Angst, dorthin zu kommen, aber jetzt hat sie viele Freundinnen gefunden und fühlt sich wohl. Außerdem gefällt ihr die neue Schule besser als die alte, denn sie kann dort mehr lernen. Mit der Pfadfindergruppe, zu der sie gehört, besucht sie alte Burgen oder fährt ans Meer. Durch einen Missionar, der ihre Eltern bereits im Lager besuchte, hat sie Jesus kennengelernt und ist mit elf Jahren zum Glauben gekommen. Sie

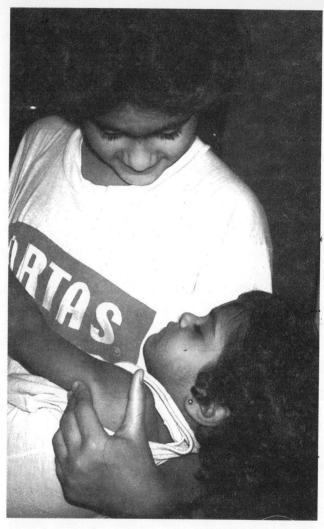

Montaha, 12 Jahre, mit ihrer kleinen Schwester

weiß, daß Jesus sie liebt. Ohne ihn könnte sie nicht glücklich sein. Jeden Tag betet sie für ihre Eltern. Später einmal möchte sie Ärztin werden.

Denise ist elf Jahre alt. Ihr Vater war Milizionär, ein Killer. Wo er jetzt ist, weiß sie nicht. Ihre Mutter ist an Krebs gestorben. Sie ist glücklich, daß sie hier im Waisenhaus sein darf. Ihre Mutter hat ihr viel von Jesus erzählt. Denise glaubt an Gott als ihren Vater. In ihm hat sie eine starke Lebensgrundlage. Die Mädchen im Heim sind für sie Schwestern. Später möchte sie Kinderärztin werden und selber einmal vier Kinder haben.

Für die sechzehnjährige Monique begann das Leben erst

Monique, 16 Jahre

im Waisenhaus. Hier ist jeder für jeden mitverantwortlich. Bei ihren Eltern hat sie nur Geschrei und Prügeleien erlebt. Vielleicht sind sie mit dem Krieg nicht mehr fertiggeworden. Monique besucht eine bessere Schule als früher, wo es verständnisvolle und gut ausgebildete Lehrer gibt. Sie nehmen die Probleme der Mädchen ernst und fordern sie auf, sich selbst in den Unterricht einzubringen. Die meisten Klassenkameradinnen kommen aus gutsituierten Familien. Sie machen aber Monique gegenüber keinen Unterschied. Monique sagt: »Jesus hat soviel für mich getan. Er ist mein Retter.« Sie liest gerne, am liebsten die Bibel. Später möchte sie etwas Gutes tun und für andere Menschen nützlich sein. In ihrer Freizeit schreibt sie Geschichten von der Liebe und der Vergebung.

Juillette ist zwölf Jahre alt. Sie hat sechs Geschwister. Als sie zwei Jahre alt war, hat ihr Vater die Familie verlassen. Ihr siebenjähriger Bruder arbeitete dann, und Juillette versuchte, mit drei Jahren für die kleineren Geschwister dazusein. Ihre fünfjährige Schwester kochte. Ein halbes Jahr später brachte ihre Mutter sie ins Heim. Sie hat ihre Eltern, die inzwischen bei Kämpfen umgekommen sind, nie wiedergesehen. Seit sie im Waisenhaus ist, lernt sie Klavier spielen. Außerdem spielt sie gerne Fußball. Später will sie Mathematik und Chemie studieren. Jasmin liest den Mädchen jeden Abend eine Geschichte von Jesus vor. Zuerst mochte Juillette das nicht. Sie wußte nicht, was das bedeuten sollte. Doch dann erfuhr sie, daß Jesus für sie gestorben und auferstanden ist. Von da an kam etwas Neues in ihr Leben. Vorher war sie oft traurig und mochte die anderen Mädchen nicht. Jetzt ist sie fröhlich und kann vergeben, wenn ihr jemand Unrecht getan hat. Später möchte sie heiraten und zwei Jungen und zwei Mädchen haben. Sie will, daß der Libanon schöner wird als vor dem Krieg. Vor allem aber sollen alle Libanesen Jesus kennenlernen. Dann können sie endlich Frieden schließen.

Juillette (12 Jahre)

Die vierzehnjährige Mona ist Palästinenserin. Ihre Eltern sind Flüchtlinge. Sie konnte keine richtige Schule besuchen. Ihre Hobbys sind Volleyball und Basketball. Lange Zeit will sie mit den anderen Mädchen im Heim nur kämpfen. Jeden Tag kämpfen sie darum, wer abwaschen muß. Es trifft natürlich immer die Schwächeren. Mona brüllt die jüngeren Mädchen an und kommandiert sie herum. Doch eines Tages verändert sich ihr Leben. Zum ersten Mal kann sie den Libanon verlassen und in der Schweiz für vier Wochen ohne Krieg leben. Dort gibt sie Jesus ihr Leben. Seit sie weiß, daß sie Gottes Tochter ist, hat sich ihr Herz verändert. Sie braucht nicht mehr um den ersten Platz zwischen den anderen Mädchen zu kämpfen. Sie malt und bastelt jetzt viel. Ihre »Gruppenmutter« Hanan, dreiundzwanzig Jahre, die hier selbst als Waisenkind gelebt hat, hat sie wie ihre eigene Mutter lieb. Später möchte sie Stewardeß werden.

Flucht aus Beirut

Jasmins und Jens' zweiter Sohn Richard ist gerade zwei Monate alt, als die Deutsche Botschaft mitteilt: »Wir können für Ihren Mann keine Verantwortung mehr übernehmen.« Jens und Jasmin fahren sofort zu Pastor Melki. Eine Entführung würde niemandem weiterhelfen. Diese Warnung mag ein Fingerzeig Gottes sein. »Geht für eine Zeit raus. Erst einmal nach Zypern«, meint der alte Pastor.

Nachts bringt Jasmins Bruder die Familie nach Dschunje, dem »letzten christlichen Hafen des Libanon«. Sie sitzen am Strand. Die Schiffskarten sind garantiert gefälscht, aber besser als gar keine. Seit langem gibt es keine regulären Karten mehr für Schiffsplätze nach Zypern. Menschenmassen drängen sich am Ufer. Jeder denkt nur noch an sich. Schwächere drohen zurückzubleiben. Ein Bewaffneter zeigt Mitleid mit Jasmin, die ihren zwei Monate alten Richard zitternd im Arm hält.

Gerade will sie ihm mitteilen, daß ihr zweites Kind bei ihrem Mann sei, da entsteht plötzlich ein Chaos. Tickets und Pässe fliegen durch die Luft, Menschen werden handgreiflich, treten sich, Schüsse fallen, Schiffsbegleiter brüllen in die Menge: »Nur fünfhundert Plätze heute! Wir brauchen nicht mehr Leute. Der Rest soll nach Hause gehen!« Immer mehr Menschen geraten in Panik, drängen sich auf dem kleinen Parkplatz unterhalb des Kasinos, dort, wo die Busse zum Anleger abfahren. Bewaffnete versuchen Ordnung in das Chaos zu bringen.

Jens und der erste Sohn Nabil stehen in der einen Reihe für Deutsche, Jasmin und Richard in der Reihe für Libanesen. Richard fängt an zu schreien. Ein Offizier winkt Jasmin nach vorne, wo sie auf einem Stuhl ihr Kind stillen kann. Nun ist sie in der ersten Reihe. Wo aber ist ihr Mann? Wo ist Nabil? Sie dürfen sich nicht verlieren. Jens spricht den Offizier an, deutet auf Jasmin und sagt in bestimmtem Ton: »Das sind meine Frau und mein Kind. Ich muß zu ihnen!« Der Offizier winkt Vater und Sohn durch bis in die erste Reihe.

Jasmin und ihre Familie gehören zu den letzten, die die Absperrung an diesem Tag noch passieren dürfen. Verdunkelte Busse bringen die Passagiere zum Anleger. Blindfahrt an einem Nobelstrand.

Gedrängt sitzen sie dann in einem zerschossenen Restaurant in bester Lage, wo einst ungezählte Menschen heitere Stunden erlebt haben. International renommierte Orchester spielten hier auf. Jetzt drängen sich zweihundert übermüdete Flüchtlinge im Saal. Die Babys schlafen auf Polsterstühlen. Alle Erwachsenen sind nervös.

Wenn es nicht bald losgeht, ist es zu hell; die Syrer kommen und können jedes kleine Boot abschießen.

Ein kleiner Junge schreit: »Le bateau, le bateau! Das

Schiff!« Alle springen auf. Menschen drängen, trampeln, treten übereinander. Ein Stuhl fällt um. Was ist passiert? Alle Passagiere fahren vor Schreck zusammen. Ist das die erste Bombe der Syrer? Jasmin und Jens halten sich im hinteren Teil des Restaurants auf und versuchen, ruhig zu bleiben. Wer drängelt, bringt nur sich selbst und andere in Gefahr.

Nach dem Schreck müssen die Menschen erkennen, daß das Schiff nicht ihr Schiff nach Zypern gewesen ist. Enttäuschung, Nervosität steigen weiter an. Erst gegen vier Uhr morgens – es beginnt bereits hell zu werden –, legt das rettende Fischerboot endlich an. Nur etwa hundert Menschen werden aufgenommen. Mütter und Kinder kommen in den Maschinenraum und in die Ladeluken. Die Männer stehen ohne Halt an Deck. Keiner kann sich richtig bewegen. Menschen treten auf die Köpfe der Mitreisenden. Neben Jasmin nimmt eine Bekannte Platz. Mit ihr kann sie beten und ist nicht allein. In einem offenen Container, den das Fischerboot hinter sich herzieht, sind alle Koffer der Passagiere verstaut. Viele fallen auf offener See heraus, andere werden nur naß.

Jasmin denkt an Paulus, wie er immer wieder in Seenot geriet und von Gott bewahrt wurde. »Vater, das ist dir auch heute noch möglich«, betet sie. Wieder und wieder wird das Schiff beschossen. Die Granaten fallen wenige Meter rechts und links neben dem Schiff ins Wasser. Jasmin ermutigt die anderen Flüchtlinge: »Vertraut auf Gott! Er hat uns bisher geführt. Er wird uns auch weiter geleiten.«

Endlich erreichen sie die Zypern-Fähre, einen alten skandinavischen Dampfer. Es ist nicht ungefährlich, auf offener See von einem kleinen Boot auf ein großes Schiff umzusteigen. Schließlich sind sie keine gelernten Lotsen, haben Kinder und alte Menschen dabei. Dennoch kommt niemand zu Schaden.

An Bord legen sich alle erschöpft auf das eiserne Deck des Schiffes. Arm und reich durcheinander, alle erschöpft, übermüdet, teilweise mit schmerzverzerrtem Gesicht und dennoch froh. Viele weinen vor Glück, andere sind dem Nervenzusammenbruch nahe.

Auf Zypern angekommen, gehört Jasmin zu den Menschen, die bis zum Schluß auf dem Schiff warten müssen. Sie ist ja schließlich »nur« Libanesin. Aber das spielt jetzt auch keine Rolle mehr. Zum erstenmal nach sechs Monaten schlafen sie aus. Das nachfolgende Fluchtboot wird am nächsten Tag von einer Bombe getroffen. Zwei Mädchen sterben, eine Frau dreht durch, die übrigen kommen mit Schock und leichten Verletzungen davon. Danach ist der Libanon auch von See her abgeriegelt. Ein Volk sitzt in der Falle.

Jasmin dankt Gott für die Rettung ihrer Familie. Nun wollen sie so schnell wie möglich nach Deutschland weiterreisen. Die deutschen Behörden verweigern jedoch die Einreiseerlaubnis, obwohl Jens Deutscher ist und der Krieg im Libanon auf seinen Höhepunkt zusteuert. Wohin jetzt? Können sie in Larnaca bleiben? Müssen sie zurück nach Beirut?

Eine Missionsstation überläßt ihnen zwei Zimmer. Nach vielen Monaten können sie das erste Mal wieder lachen. Einige Tage nur für sich und die Familie zu haben, das tut gut. Trotz sengender Sonne im heißen Beirut hatten sie den Hafen von Larnaca leichenblaß erreicht. Nun bekommen ihre Gesichter wieder Farbe. Die Anspannung löst sich. Nach drei Wochen erhalten sie schließlich die Einreiseerlaubnis nach Deutschland.

Im Schwarzwald

Von Frankfurt aus fahren Jasmin und Jens zur Deutschen Missionsgemeinschaft nach Sinsheim. Sie beginnen einen Reisedienst, um allen Betern und Unterstützern für ihre Liebe zu danken und über die Arbeit im Libanon zu informieren.

Jasmin beantragt die deutsche Staatsangehörigkeit, um mit ihrem Mann ohne Schwierigkeiten bald wieder in den Libanon ausreisen zu können, oder nach Jordanien oder in ein anderes Land, wohin Gott sie ruft.

Die Einbürgerung dauert jedoch länger als erwartet. Jens geht bald für ein paar Monate nach Jordanien, um dort besser Arabisch zu lernen und gleichzeitig den palästinensischen Flüchtlingen und anderen Muslimen näherzukommen. Jasmin verbringt diese Zeit mit ihren Kindern in Braunschweig. Der Jordanien-Aufenthalt des Vaters wird abgekürzt, weil die eigenen Kinder ihn doch dringender brauchen, als Jens gedacht hatte.

Auf Vorschlag der Missionsgesellschaft beginnen Jasmin und Jens im Schwarzwald einen Hauskreis unter Sowjetdeutschen. Sie wollen diese Menschen sammeln und mithelfen, daß sie ein neues Zuhause finden. Jens und Jasmin erwerben ein kleines, bisher nur gewerblich genutztes Haus und bauen es zu einem Treffpunkt um. Immer mehr Menschen aus Kasachstan, Kirgisien, Usbekistan – also auch aus der muslimischen Welt – kommen in den Hauskreis, der schnell aus den Nähten platzt und schließlich zur Gemeinde wird, deren Gründung eigentlich gar nicht vorgesehen war.

Zwei Schiiten aus Beirut mit ihren Kindern erweitern die bunte Schar. Es herrscht ein friedvoller Geist gegenseitiger Annahme. Rußlanddeutsche wie Muslime zeigen überraschende Gemeinsamkeiten. Der Zusammenhalt, die Großfamilie, die gegenseitige Hilfe zählt. Fremde sind fast immer willkommen. Die einen waren in Beirut die »dreckigen Muslims«, die anderen in Kasachstan die »Nazis«. Hier fallen sie für Deutsche gewöhnlich unter die Rubriken »Russen« und »Türken«. Beide Gruppen erfahren bei Jasmin und Jens viel Liebe und Geduld.

Jasmin bewohnt zum erstenmal in ihrem Leben eine Drei-Zimmer-Wohnung. Leib und Leben sind nicht mehr bedroht.

Trotzdem will sie wieder zurück in den Libanon. Selbst wenn die islamischen Fundamentalisten regieren sollten. Wenn es sein müßte, würde sie sogar einen Schleier tragen, um muslimischen Menschen die Liebe Jesu weitergeben zu können. Sie würde Arabern eine Araberin sein, keine europäische Missionarin.

Wie für das Waisenhaus gesorgt wird

Nach Jasmins Flucht springt George, der alte Gründer des Zedernheims, ein und übernimmt wieder die Leitung des Heims. Wer sollte es sonst tun? Syrische Truppen bekämpfen den Christen-General Aoun. Jeder ist mit den Zerstörungen an seinem eigenen Haus beschäftigt. Die Wasserversorgung ist erneut zusammengebrochen. Die Kinder sammeln Regenwasser in Behältern und destillieren es notdürftig. Monatelang lebt George zusammen mit den dreißig Kindern ohne Strom und fließend Wasser in einem Raum. Die hygienischen Verhältnisse sind katastrophal. Die jüngeren Mädchen hören auf, sich zu waschen.

Weihnachten 1990 kommt George ins Krankenhaus. Er ist physisch und psychisch am Ende. Die Gemeinde sucht händeringend einen Ersatz.

Die Anfrage erreicht Shadi, einen dreißigjährigen Computerfachmann mit Prädikatsexamen und besten Aufstiegschancen. Parallel dazu bekommt er ein lukratives Angebot der Armee, deren Kommunikationssystem er neu aufbauen soll. Das wäre eine technische Forschungs- und Pionierarbeit für etwa zehn Jahre. In welche Armee soll er einsteigen? Soll er dem Prestige oder der Not folgen?

Shadi, der Leiter des »Zedernheims«, mit Mona (14 Jahre), einem der Mädchen

Wie soll er seinem Volk dienen? Er und seine junge Frau entscheiden sich für Gottes Armee. Zusammen mit zwei Bibelschülerinnen, einer Köchin und dem neugeborenen Baby fangen sie bei Null an.

Die etwa vierundzwanzig Mädchen können jetzt in Familiengruppen zu sechs bis sieben Kindern eingeteilt werden. Da alle die High-School-Examen schaffen sollen, ohne die sie in Beirut nichts werden können, engagiert Shadi zwei Nachhilfelehrer. Sie helfen, am Nachmittag die Wissenslücken der Mädchen zu füllen. Shadi fängt behutsam an, die Lebensverhältnisse zu verbessern. Zusammen mit den älteren Mädchen baut er neue Einrichtungsgegenstände: Regale, Betten, Schränke.

Ohne Anleitung oder Druck lesen die Mädchen täglich in der Bibel und stellen viele Fragen. Im Laufe der Zeit finden zwanzig Mädchen zu Jesus, manche aus Familien mit christlicher Tradition, manche aus muslimischen Familien.

Gemeinsam wird eine zerbombte Wohnung ausgebaut, damit alle Kinder endlich genügend Platz erhalten.

Pläne für die Zukunft

Jasmin will sobald wie möglich unter muslimischen Frauen und Kindern arbeiten. So etwas wie ein Frauen-Frühstück könnte der Einstieg sein. Viele kultivierte Araberinnen der Mittel- und Oberschicht würden dies als eine Art Kulturangebot gerne annehmen. Frei über sich und ihre Probleme reden zu können, Erfahrungen auszutauschen, Anregungen zu erhalten, während mit den Kindern unter Anleitung gespielt wird – so ein Angebot fehlt den arabischen Frauen. Jasmin will die Erfahrungen deutscher Frauen auf arabische Verhältnisse übertragen. Sie würde gerne in der Öffentlichkeit arbeiten. Die Organisation eines Frühstücks in einem Hotel oder eines Konzerts in einem Sportstadion würde ihr genauso liegen wie Hausbesuche, mit denen sie sich auskennt. Aber auch Pfadfinder- und Sonntagsschularbeit will sie gerne tun.

Muslimische Frauen und Kinder sind eher ansprechbar als ihre Männer. Dennoch hat Jasmin auch erfahren müssen, daß viele Muslime offener sind als die maronitischen oder evangelischen Namenschristen – ob im Libanon oder in Deutschland. Das Bewußtsein: »Wir sind die Richtigen, die Mehrheit, mit einer langen christlichen Tradition und Kultur – alle anderen sind Sekten«, verhindert hier wie dort eine persönliche Hinwendung zu dem lebendigen Christus.

Aber im Augenblick ist alles offen. Wohin Jasmin, die Tochter eines armen Bäckers aus dem Libanon-Gebirge, mit ihrem deutschen Mann einmal gehen wird, liegt allein in Gottes Hand.

Anstelle eines Nachwortes:

Reisebericht vom Oktober 1992

Im Juli 1992 wollte ich in den Libanon reisen. Dr. Fouad Melki, seit etwa fünfzig Jahren Pastor in Beirut, Gründer von etwa sechzehn Gemeinden im Libanon und in Syrien, hatte mich eingeladen. Doch die Beschaffung des Visums wird bereits zum Abenteuer. Über fünfzig Gespräche mit der Libanesischen Botschaft in Bonn bringen im Endeffekt nicht die gewünschten Papiere.

Sind es die Entführungen mehrerer Deutscher, welche den Libanon in Form eines Handelsboykotts teuer zu stehen kommen? Ist mein Gegenüber in der Botschaft ein fundamentalistischer Gegner? Ein mir gut bekannter arabischer Geschäftsmann findet die Wahrheit heraus: Die Syrer, die neuen Herren des Libanon, wünschen keine Einreise von Christen, die die christliche Seite in dem vom Bürgerkrieg gezeichneten Land unterstützen könnten. Vielleicht werde ich als Spion Israels verdächtigt.

Andere Hinweise – »unser Fax ist kaputt« – mögen auf eine versteckte Aufforderung zur Bestechung hinweisen, zumal ein Visaservice mir zu einer erhöhten »Gebühr« von etwa 1000 Mark rät. Für mich wird nach einigem Zögern klar: Das wäre nicht Gottes Weg. Ich muß also warten.

Ein befreundeter Reiseunternehmer will mich als freien Mitarbeiter und Kontaktmann nach Beirut entsenden. Er erhält jedoch von der Libanesischen Botschaft nur eine derbe Abreibung.

Ist das ein Fingerzeig, nicht zu reisen? Um so mehr überrascht mich etwa acht Wochen später ein Brief aus Beirut. Darin liegt ein Papier mit etwa zwanzig arabischen Stempeln. Ich kann nur meinen eigenen Namen entziffern. Ist das die Einreise-Erlaubnis, die die Botschaft in Bonn weiterhin verweigert?

Die deutsche Paß-Kontrolle in Frankfurt/M. schüttelt ungläubig den Kopf. Hier will ein Mann ohne Visum mit einem kopierten und für westliche Augen unleserlichen Zettel in den Libanon einreisen!

Ich nehme einen Flug über Sofia. An Bord der Tupolew 154 der Balkan Air fast nur Thailänder und Japaner.

Landung in Sofia. Auf dem Weiterflug nach Beirut sitzen außer mir nur Libanesen im Flugzeug.

Ob ich wirklich nach Beirut wolle, fragt man mich ungläubig. Wolle ich dort eine der vielen schönen Frauen heiraten, die in dem verarmten Land keinen Mann mehr fänden? Neben mir nimmt ein Herr Abbas, libanesischer Apfel-Plantagen-Besitzer und deutscher Gardinenhändler in einem, Platz. Den Namen Abbas kenne ich aus der Presse. Um so verwunderlicher sein Angebot, auf mich in Beirut Airport aufzupassen, bis ich die Abfertigung passiert habe.

Nach zwei Stunden Flug landet die Balkan Air auf dem Beiruter internationalen Flughafen. Sicherheitskräfte stürmen auf das Flugzeug zu, Maschinenpistole im Anschlag. Gepanzerte Fahrzeuge mit libanesischer Flagge stehen auf dem Rollfeld. Soll das Terroristenbekämpfung sein? Oder wollen hier ein Staat und seine Armee demonstrieren, daß es sie noch gibt?

In der zerschossenen Abfertigungshalle hängt neben der libanesischen Flagge und dem Konterfei des weitgehend machtlosen Staatspräsidenten eine große arabische Fantasiekarte – ohne die Existenz Israels, versteht sich, sowie Bilder und Fahnen der sogenannten Verbündeten.

Die Abfertigung verläuft relativ reibungslos, zumal ich kein Arabisch verstehe. Mein Paß-Kontrolleur, ein Christ, strahlt mich an und wünscht mir einen angenehmen Aufenthalt. Auf der anderen Seite der Barriere wartet Dr. Melki mit einem großen Pappschild, auf dem mein Name steht. Neben ihm stehen Bettler am Straßenrand, junge Leute, die im Krieg Arme oder Beine verloren haben.

Wir verlassen den Flughafen. Riesige, düstere Khomeini-Bilder säumen den Straßenrand. Wir fahren durch die Lager der Palästinenser. Dazwischen immer wieder vereinzelte Panzer der libanesischen Armee. Was werden sie im Ernstfall ausrichten können, frage ich mich. Eine halbe Stunde später sitze ich im Gottesdienst in Ashrafieh. Pfadfinder, ein gemischter Chor, Waisenkinder, herausgeputzt wie Ballettänzerinnen, und ein Klavierspieler, der in der bekanntesten Heavy Metal Band des Libanon die Gitarre schlägt. Die Menschen freuen sich über mein Kommen. Wir halten Abendmahl. Als ich das Brot in den Mund stecken will, reißt der neben mir sitzende Bruder des Pastors mir den Arm herunter. Gegessen wird, wenn alle etwas haben, wie in einer guten Familie.

Eine Stunde später sitze ich in Melkis Küche im ersten Stock eines alten Geschäftshauses. In dieser Küche haben bis zu dreißig Personen jahrelang gegessen, gespielt, geschlafen, gebetet, gesungen, während die Zimmer zur Straßenseite beschossen und bombardiert wurden. Nach dem Einschlag einer Flugbombe hat eine junge Mutter monatelang Valium schlucken müssen. Melkis sprechen nur voller Dank davon, daß Gott sie bewahrt habe.

Auf dem angeschossenen Balkon heult ein Generator. Strom ist weiterhin rationiert, keiner weiß, wie lange es ihn gibt. Nachts gleichen weite Teile des einstigen »Paris des Ostens« einer dunklen Geisterstadt. Es gibt keine Straßenbeleuchtung. Am Abend lädt mich der Gemeindepianist zu einem Heavy-Metal-Konzert ein. Die Gemeindejugend hat ein Theater im Armenierviertel gemietet. Neunzig Prozent der etwa zweihundert jungen Zuhörer, Rocker in Leder mit Totenköpfen und ähnlichen Symbolen, tanzen vor der Bühne, immer am Rande einer Prügelei. Von der Bühne klingt eingehüllt in schrille Töne eine klare Botschaft: »Nur Jesus kann freimachen. Es ist noch nicht zu spät. Jesus ist der Weg.«

Nach dem Konzert sind die etwa zwanzig Gemeindeleute umringt von hundert fragenden Rockern und deren etwas schüchtern wirkenden Bräuten. Diese jungen Leute sind im Krieg aufgewachsen, ohne Gesetz, ohne Polizei, oftmals ohne Schule. Fast alle sind bewaffnet. Sie kennen kein anderes Leben. In den nächsten Tagen sehe ich immer wieder mit Entsetzen, wie sie auf ihren Motorrädern todesmutig durch die nächtlichen Straßen fahren, während ihnen ihre Beifahrerinnen die Augen zuhalten! Was zählt für sie schon ein Leben?

Anfang Oktober wird das Wetter noch einmal heiß in Beirut. Die Beirutis nennen diese Zeit den zweiten Sommer. Trotz aller Straßenkontrollen, Einschüsse, Panzersperren versuchen die Bewohner, ihrer Stadt das Flair von einst zu geben. Die Frauen tragen leuchtende Miniröcke, und die jungen Männer auf ihren Vespas erinnern mich an die Jugendlichen in Mailand oder Rom. Überhaupt ist Mode gefragt.

Ich kaufe einige Sachen ein. Man freut sich über jeden Touristen. Eine ältere Ladenbesitzerin küßt die Dollarscheine wie eine Ikone. Ob der Frieden anhalten wird? frage ich. Nur Gott weiß es. »Sein Wille geschehe«, raunt sie mir entgegen.

Ich komme in den muslimischen Teil der Stadt. Frieden für die Christen bedeutet hier, in ihren eigenen Häusern und Küchen in Ruhe gelassen zu werden. Ein öffentlicher

Gemeinde in Ashrafieh (im ersten und zweiten Stock befindet sich eine evangelische Schule)

Auftritt ist nur der Gegenseite gestattet. Aber man ist froh, daß die Zeiten anscheinend vorbei sind, als der Vorname Pierre oder Baschir ausreichte, um von gegnerischen Milizen zusammengeschlagen oder getötet zu werden. Als Schiiten die Gashähne in den Kirchen aufdrehten und die elektrischen Lampen zerstörten, damit sich die Gemeinden selbst in die Luft jagten.

Einmal, erinnert sich die Pastorenfrau, brachen schiitische Familien in die Kirche ein, um dort zu wohnen. Nur am Sonntagmorgen rollten sie ihre Matratzen zusammen. Als die Situation nach einem Jahr unerträglich wurde, trat der Pastor an den mächtigen schiitischen Milizenführer und heutigen Parlamentspräsidenten Nabih Berri heran. Dieser gab zu verstehen, er werde das Problem in wenigen Minuten lösen, indem er diese Leute einfach hinausschmisse.

Menschen auf die Straße zu setzen, könne für Christen keine Lösung sein, erklärte der Pastor. »Wenn Sie nichts für diese Menschen tun, werden wir für sie eine Bleibe suchen.« Nach einem weiteren halben Jahr sind alle Schiiten untergebracht. Ihre Kinder besuchen weiterhin die Sonntagsschule der Gemeinde. Die schiitischen Eltern werden von Nachbarn unter Druck gesetzt. »Warum gebt ihr eure Kinder dorthin?« – »Wo können unsere Kinder besser lernen, anständige Bürger zu werden?«

Beirut bei Nacht. Riesige Reklamen über sündhaft teuren Geschäften der östlichen Vororte. Europäische Nobelkarossen beleben das Straßenbild. Auch hier hält sich niemand an Verkehrsregeln. Ein »Ticket« kostet etwa fünfzig Pfennig, das heißt weniger als ein Glas Coca Cola. Neue Nobelgebäude sind entstanden, was für den zähen Lebenswillen der Libanesen spricht oder nur dafür, daß der Krieg die Reichen reicher und die Armen ärmer gemacht hat. Es stinkt bestialisch nach Abfällen und brennendem Müll.

Zwischen den neuen Nobelgeschäften fehlt jede Infrastruktur. Der Staat ist sichtbar pleite. Eine Stunde von hier wäre sein Einflußgebiet sowieso zu Ende. Die syrisch kontrollierte Zone beginnt bei Biblos, der Wiege des Libanon und der phönizischen Kultur, einer der ältesten Städte der Welt (heute Dschubail). Auf dem Weg dorthin kommen wir am nächsten Tag durch Dschunje, dem ehemals »letzten christlichen Hafen«, von wo, wie Jasmin und Jens, Zigtausende über Zypern in den Westen geflüchtet sind. Dschunje ist ein teures Pflaster – Juweliere, Nachtclubs, Pariser Mode. An lockeren Typen, Millionären um die Zwanzig, scheint es hier nicht zu mangeln. Der Libanon ist immer noch der größte Drogen-Umschlagplatz der Welt.

Dann verfahren wir uns. Syrischer Geheimdienst stoppt uns. Fünfhundert Meter weiter syrische Soldaten. »Sprich bloß kein Wort Englisch und schmeiß deine Kamera nach hinten«, raunt mir Bassem, mein Fahrer, zu. Neben dem Militärstützpunkt das Konterfei Präsident Assads und eine großsyrische Fantasiekarte. Wir sind froh, ohne Schwierigkeiten weiterfahren zu können.

Endlich sind wir in Biblos angekommen: Wer war nicht vor uns schon hier! Phönizier, Perser, Griechen, Römer, Byzantiner, Araber, Kreuzritter, Türken – alles Vorfahren der Libanesen. Welcher Wahnwitz, in dieser Kulturmischung seinen Feind ausmachen zu wollen!

Wir fahren zurück nach Beirut, kommen an einer Schule vorbei. »Als ich acht Jahre alt war«, erzählt mir der Fahrer, immer noch sichtlich aufgewühlt, »haben die feindlichen Truppen hier die erste große Pause abgewartet, um dann die Schulhöfe zu bombardieren. Über 1200 Kinder fanden den Tod. Ich floh zu meiner Tante und sagte ihr:

Biblos ist mit seinen 6000 Jahren eine der ältesten Städte der Welt

Wenn meine Eltern tot sind, sorge ich alleine für mich. Ein Waisenhaus kommt für mich nicht in Frage.«

Am Abend sind wir im Zedernheim, dem christlichen Waisenhaus für Mädchen in Beirut. Zu zwölft sitzen sie in einem Wohnzimmer, Mädchen zwischen drei und sechzehn Jahren. Ihre Augen erzählen lange Geschichten. Ich selber bringe kein Wort hervor. Sie haben fast alle erlebt, wie ihre Eltern ermordet oder verschleppt wurden, und sie haben Jesu Liebe und Fürsorge erfahren. Wer will das als Außenstehender mit seinem Kopf begreifen!?

Am nächsten Morgen sitze ich im Bible-College. Neben mir Armenier, Griechen, Afrikaner, Palästinenser, Libanesen – Männer und Frauen. Die Unterrichtssprache ist Arabisch und Englisch. Im Raum herrscht eine konzentrierte und lockere Arbeits-Atmosphäre. Es wird hart gearbeitet und gelacht.

Mediterranian Bible-College in Ashrafieh

Um 10.30 Uhr haben die Studenten und Professoren eine gemeinsame Gebetszeit und Mahlzeit, gegen 13 Uhr ein gemeinsames Mittagessen. Eine rollenbedingte Distanz existiert hier nicht. Allen ist klar, in welche Situation sie hinausgehen werden: Zu Palästinensern, die unter der Besatzungsmacht Israels, des Volkes Gottes, zu leiden haben. Zu jungen Libanesen, die nie erlebt haben, was es bedeutet, im Frieden zu leben. Was ich an einem Bible-College-Tag gelernt habe, läßt sich in zwei Sätzen ausdrücken:

Den Menschen in ihrer Situation das geben, was sie wirklich brauchen, nicht an ihnen vorbeireden und -handeln. – Den Menschen ehrlich und offen gegenübertreten.

Auf dem Weg nach Hause gehe ich an einem gutbewachten neuen Bank-Hochhaus vorbei. Marmor und Gold bestimmen das Bild. In Zypern soll es zu Kursstürzen gekommen sein, weil die Libanesen ihr Geld nach Hause holen.

Banken-Neubau

Ich komme mit einer alten Lady ins Gespräch. »Nirgendwo herrscht soviel Glaubensfreiheit wie im Libanon.«
»Und der Krieg?« entgegne ich.

»Hören Sie«, erklärt sie leise lächelnd, »mein Sohn lebt in Los Angeles. Was die Amerikaner dort in vier Tagen zerstört haben, haben wir nicht in siebzehn Jahren Krieg kaputt gekriegt. Kein Volk der Welt würde solange ohne Gesetze existieren können. Schauen Sie in die Geschäftsauslagen. Sie können alles kaufen. In Damaskus müßten Sie für ein Hähnchen Schlange stehen. Außerdem haben wir den höchsten Bildungsstandard im Nahen Osten. Es wird wieder so werden wie früher.«

Ich staune. Ist das die Wahrheit oder die Illusion einer sichtlich breiten Bürgerschicht?

Hundert Meter weiter komme ich an einem kleinen Park vorbei, in dem eine verschleierte junge Muslimin mit ihrem Boyfriend auf der Wiese sitzt und Händchen hält, mitten im Christen-Viertel. Weitere zweihundert Meter

weiter gleicht die Szenerie einer ausgestorbenen Western-
stadt, dahinter Slums mit militanten Parolen und kaput-
ten Häuserwänden. Was nützen diesen Menschen die ge-
füllten Schaufenster? Ich wünsche Beirut und der alten
Dame, daß sie recht behält.

Am nächsten Morgen treffe ich einen Gemeinde-Pastor,
der in Deutschland studiert hat. Ein wohlhabender älterer
Mann hatte alle seine Ersparnisse, die ihm einen beque-
men Lebensabend sichern sollten, der Gemeinde gegeben.
Dieses Geld hätte fünfzig Prozent der Baukosten für den
Neubau einer größeren Kirche abdecken können. Erneute
Kampfhandlungen ließen jedoch die Inflation derart ga-
loppieren, daß das Geld nach zwei Monaten nicht einmal
mehr für die Erdarbeiten ausreichte.

Der junge Pastor, Joy Mallouh, ist im Krieg aufgewachsen. Nach dem Theologiestudium in Deutschland kehrte er
in den Krieg zurück. Jetzt ist er Ende Dreißig. Nicht jeder
Gläubige findet einen Platz in den seit 1940 nicht mehr er-
neuerten Bänken seiner Kirche. Wenn eine Tür knallt,
klopft sein Herz sichtbar schneller. Geht das wieder los?
Wie oft hat er tagelang mit Frau und Kindern im Bunker
gehockt, mit einer Toilette für 154 Menschen! Vor seiner
Kirche wurden 240-Millimeter-Kanonen in Stellung gebracht und bis zu dreißig Raketen pro Minute abgefeuert.
Splitter flogen über den Kirchhof. Dann die Antwort der
Gegenseite. Es ist keine zwei Jahre her.

»Hat das jetzt alles ein Ende?« frage ich ihn mit banger
Hoffnung.

Ruhig blickt mir Joy in die Augen: »Das war nicht der letzte Krieg hier. Aber Gott wird weiterhin für uns sorgen.«

Den nächsten Tag verbringe ich im Waisenhaus. Vierundzwanzig Kinder in einem Aufenthaltsraum. Es
herrscht eine überraschend friedliche, lockere Atmosphä-

*Heimkinder mit mitgebrachten Spielsachen aus Deutschland
(sechs und sieben Jahre alt)*

re. Die Mädchen scheinen einfach neue Schwestern gefunden zu haben. Zunächst scheu, aber im weiteren Gespräch sehr selbstbewußt, erzählen sie mir aus ihrem Leben, wie sie Waisen wurden. Daß das Heim für sie wie eine Familie geworden ist.

Wir machen zusammen Hausaufgaben in Englisch und Französisch. Ich staune über den hohen Standard libanesischer Schulen. Danach erzählen, spielen, toben, beten und essen wir zusammen. Die Mädchen haben viel Spaß miteinander. Gegessen wird aus Plastikschüsseln. Das Essen schmeckt fast allen ausgesprochen gut. Mir auch.

Am nächsten Morgen besuche ich Theopolis – das heißt Gottesstadt –, wo Jasmins Gemeinde einst ihr Feriencamp hatte. Heile Häuser wurden von den Drusenmilizen zerstört, die Möbel, Türen, Fenster, Waschbecken und Toiletten herausgerissen und in Damaskus verkauft. Aber die Umgebung gleicht einem Garten Eden. Hier stehen Zedern, die unter König Salomo, also vor rund dreitausend Jahren, gepflanzt wurden. Bäume scheinbar für die Ewigkeit.

Die Gemeinde fängt auch hier wieder bei Null an. Die Kirche ist als erstes wieder errichtet worden. Jedes Gemeindemitglied hat seinen eigenen Stuhl mitgebracht.

Die Überfälle der linken Milizen auf das Gotteshaus lassen sich kaum zählen. Das Wunder besteht darin, daß kein Gläubiger zu Schaden gekommen ist. Gott hat sie alle bewahrt.

Wir fahren zurück ins Zentrum von Beirut, zum »Platz der Märtyrer«. Hier, am einstigen Knotenpunkt zwischen Afrika, Asien und Europa, steht kein Stein mehr auf dem anderen. Die auf den Ruinenresten klebenden Bilder der Milizenführer wirken lächerlich, zynisch. Auch sie haben diesen Krieg nicht gewinnen können. Aus dem einst von Palmen und Leuchtreklamen gesäumten Geschäftszentrum ist eine Schutthalde geworden, die die Ratten beherrschen. Eine noch stehende Wand fällt mir durch ihr Lochmuster ins Auge. Hier wurden Hunderte von Zivilisten ohne ersichtlichen Grund mit Maschinengewehren erschossen. Ein junger Mann wurde ebenfalls ohne ersichtlichen Grund nicht erschossen und wieder nach Hause geschickt. Während der folgenden fünf Monate hat dieser Mann die Bibel gelesen und im muslimischen Gebiet eine Gemeinde gegründet, die schneller wächst als jede andere Gemeinde des Libanon.

Fünfhundert Meter weiter sehe ich monumentale Gemälde der ehemaligen Führer eines sogenannten christlichen Libanon: Pierre und Baschir Gemayel. Ihre Bilder ähneln den Khomeini-Plakaten im Killer-Distrikt unweit des Flughafens, wo Tausende von Sympathisanten der Kidnapper und Geiselnehmer vegetieren, auf beklemmende Weise.

Eine Dame, die im Café neben mir sitzt, schüttelt den Kopf. Für viele Katholiken kamen die Gemayels gleich nach Gott. »Aber ich habe sie nie gemocht. Sie haben zuerst die Israelis und dann die Syrer in den Libanon geholt. Sie haben uns auf dem Gewissen. Mein Mann hat ihren Anhängern einmal erzählt, daß Jesus die Feindesliebe gepredigt habe. Am liebsten hätten sie ihn erschossen.«

Mein letzter Tag in Beirut ist angebrochen. Ich habe gelernt, Panzer nicht länger zu fürchten, sondern mich in ihrer Nähe sicher zu fühlen, den stinkenden, brennenden Straßenmüll auszublenden, mich über rückwärtsfahrende Sportwagen auf einer Hauptverkehrsstraße nicht mehr zu wundern.

Dr. Melki erzählt: »Seit dem Krieg gibt es mehr Gläubige als je zuvor. Allein sechs bis sieben Gemeinden wurden in der besetzten Bekaa-Ebene neu gegründet. Beduinen kommen dort zum Glauben. In allen Gemeinden finden viele Muslime zu Jesus. Vor allem die Palästinenser in ihren Lagern brauchen unsere Liebe. – Die Gebäude aller Gemeinden sind beschädigt oder zerstört worden. Das Wunder Gottes besteht aber darin, daß kaum ein Gemeindeglied durch die Kampfhandlungen während der siebzehn Jahre umgekommen ist. Auf dem Weg zum Gottesdienst sah ich Balkone herunterstürzen, Autos in Flammen aufgehen. Ich dachte, ich müßte den Gottesdienst ohne meine Gemeinde verbringen. Welch ein Staunen, als ich beim Eintritt in die Kirche feststellen konnte: Kein Gemeindemitglied fehlt. Alle haben auf mich gewartet. Sogar während der härtesten Kämpfe hatten wir unsere Versammlungen. Die Fenster zersplitterten, die Mauern bebten. Feindliche Milizionäre warfen Steine in die Kirche. Mit auf Stöcke aufgespießten Köpfen tanzten sie um die Gemeinde. Die Kinder hörten nicht auf zu schreien.«

»Warum bleibt ihr noch im Libanon?« frage ich ihn. »Ein Drittel der Libanesen lebt bereits in Amerika.

»Wir wären nicht die ersten Christen, die als Märtyrer sterben«, antwortet Dr. Melki, anscheinend gelassen. »Wohin sollten sich auch all die Menschen aus den Dörfern, aus der von den Syrern besetzten Zone im Norden und Osten flüchten? Sie machen bereits sechzig Prozent unserer Gemeindemitglieder aus.«

Sechzig Prozent Asylbewerber in der Gemeinde Gottes? Und keine Ausschreitungen wie in Rostock, Mölln oder Hoyerswerda?

»Wo steht ihr politisch?« frage ich typisch deutsch.

»Bürgerkrieg bedeutet Haß«, erklärt Dr. Melki. »Wir aber sollen die Menschen aller Parteien lieben. Spione aller Parteien haben während der Gottesdienste in der letzten Reihe gesessen, um etwas gegen uns zu finden. Alle mußten sie enttäuscht nach Hause gehen. Egal ob sie hetzen oder Steine werfen, die Gläubigen sollen nicht auf sie schauen, sondern auf Jesus.«

An meinem Abflugtag stehen Wahlen an. Viele Straßen sind gesperrt. Gleichzeitig lähmt ein Streik die Millionenmetropole. Wir fahren viele Umwege durch enge Gassen. Werden die Wahlen eine Veränderung bringen?

Am Flughafen wird mein Paß zehnmal kontrolliert, dazwischen mehrere Kofferträger – jeder will drei Dollar haben. Es gibt zu wenige westliche Touristen in Beirut.

Meinen letzten Kaffee trinke ich mit einer Telefonistin. Sie will ihr Frühstück mit mir teilen. Eine Verbindung nach Deutschland kommt wieder einmal nicht zustande. Aber Gott sei Dank bin ich bald wieder zu Hause in einer Stadt, die so reich ist, wie Beirut es bis vor zwei Jahrzehnten war.

Wer die Arbeit des Kriegswaisenhauses in Beirut unterstützen will, kann Spenden auf folgendes Konto überweisen:

Hamburger Bank von 1861
Missionswerk wg. Gemeinde Libanon – Melki
BLZ 201 900 03, Konto-Nr. 226 580
Verwendungszweck: Cedar Home Orph.

Die Gelder werden Pastor Dr. Melki persönlich übergeben.

Zeittafel zur Geschichte des Libanon

um 2000 v.Chr.	Einwanderung der Phönizier. Erste Hochkultur
um 600 v.Chr.	Herrschaft der Babylonier
um 540 v.Chr.	persische, ab 330 griechisch-persische Herrschaft
46 v.Chr. – 395 n.Chr.	Teil des Römischen Reiches; ab 150 Bevölkerung mehrheitlich Christen (Maroniten)
395-635	Teil des Byzantinischen Reiches
635	arabische Eroberung. Vordringen des Islam
1191	Vereinigung der Maronitischen Kirche, der die Bevölkerungsmehrheit angehört, mit der Römisch-katholischen Kirche
1516-1918	Türkisch-osmanische Herrschaft; Libanon teilweise autonom
1840	Teilung des Landes in Distrikte der Drusen (islamische Sekte) und Maroniten
1860	Massaker der Drusen an den Maroniten
1860-1918	Frankreich wird Schutzmacht der maronitischen Provinz »Mont Liban«
1920	Libanon und Syrien werden Völkerbundsmandat unter französischer »Schutz«herrschaft
1926	Republik Libanon nach Drusenaufstand 1925
1941	Libanon wird unabhängig, bleibt aber de facto französisch
1946	Abzug der letzten französischen Truppen. Pro-westliche Politik Libanons. Teilung der Macht zwischen Maroniten, Sunniten und Schiiten
1958 (Mai-Juli)	Bürgerkrieg zwischen pan-arabischen und pro-westlichen Gruppen

1969	Unruhen, die den Libanon in einen christlichen und einen muslimischen Teil zu spalten drohen. Muslime und Palästinenser (seit 1968) fordern mehr Macht im Staat
1975	Beginn des Bürgerkrieges: linke Moslems, Panarabisten, Palästinenser auf der einen Seite, Maroniten (Falangisten) auf der anderen
1976	Intervention Syriens
1977	Ermordung des Drusenführers Dschumblat von syrischen Geheimagenten, nachdem er Kritik an Assad geübt hatte. Rachemorde durch Drusen an Christen
1978	Israelische Invasion, unterstützt durch rechte Falangisten
1980	Kampf der Schiiten (Amal-Miliz) gegen die Palästinenser. Rivalitäten zwischen Falangisten und pro-syrischen Maroniten
1981/82	Israelische Besetzung des Libanon. Massaker der Falangisten an Palästinensern in den Lagern Sabra und Schatila
1984	Entführung westlicher Ausländer als Geiseln nehmen zu
1985	Abzug der israelischen Armee. Palästinensische Rache an den Christen im Südlibanon. Lagerkrieg in West-Beirut zwischen syrisch unterstützter Amal und Palästinensern
1987	Syrischer Einmarsch. Krieg auf seinem Höhepunkt
1990	Syrien besetzt nach erbitterten Kampfhandlungen den halben Libanon
1991	Waffenstillstand zwischen Libanon und Syrien. Der Libanon erkennt die syrische Herrschaft an